Dr. Oetker

Party Grillen

Dr. Oetker

Party Grillen

Dr. Oetker Verlag

04

Party Grillen

Grillen: Das ultimative Outdoor-Genuss-Vergnügen! Allein der Duft von frisch gegrillten Würstchen und Steaks, gegrilltem Gemüse und Käse lässt die Vorfreude und die Stimmung Ihrer Partyrunde steigen.

Dabei wird nicht mehr nur an schönen Sommerabenden gegrillt: Die Grillsaison dauert inzwischen das ganze Jahr und die Grillparty kann schon am Mittag beginnen. Damit keine Langeweile auf dem Grill und Ihrer Party aufkommt, finden Sie hier jede Menge Abwechslung für den Rost.

Im Frühjahr locken uns die ersten warmen Sonnenstrahlen nach draußen. Jetzt verwöhnen Sie auf der ersten Grillparty des Jahres Ihre Gäste mit gefüllten Putenröllchen, Kartoffel-Feta-Puffern und Pizza-Pralinen.

An lauen Sommerabenden oder beim Mittags-BBQ-Event liegen Sie mit provenzalischen Gemüse-Brot-Spießen, Sardinen mit Papas Arrugadas und Croissants mit Nuss-Nougat-Füllung auf dem Rost und bei Ihren Gästen genau richtig.

Die letzten wärmenden Sonnenstrahlen im goldenen Oktober genießen Sie und Ihre Freunde mit BBQ-Grillgemüse, Spareribs und Marshmallow-Sandwiches.

An einem verschneiten Wintertag begeistern Spiralbrote am Bambusstab, über dem wärmenden Lagerfeuer gegart, große und kleine Partybesucher. Auf dem Grill liegen dann deftige Wammerl-Kartoffel-Spieße und süße Schokobananen.

Darüber hinaus gibt es Rezepte für Marinaden, Saucen und Buttervariationen, die selbstverständlich ganzjährig zum Einsatz kommen können.

Alle Rezepte wurden von uns ausprobiert, sodass Ihnen das Vorbereiten, Einlegen und Grillen gut gelingen. Der Ratgeber gibt noch weitere Tipps und Hinweise zum Thema. Vermissen Sie in diesem Buch die allseits belieben Salate zu den Grillgerichten, dann empfehlen wir Ihnen unser Buch „PartySalate“, welches in der gleichen Reihe erschienen ist.

Seite 08–73

Fleisch & Fisch vom Grill

Seite 74–111

Vegetarisches vom Grill

Seite 112–129

Marinaden, Saucen & Co.

Seite 130–155

Brotbeilagen & Süßes vom Grill

08

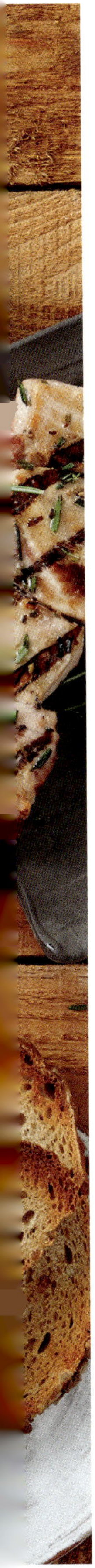

Fleisch & Fisch

Das perfekte Grillwetter ist angesagt. Sie sind ganz spontan und rufen morgens Ihre Freunde zum Grillen am Abend zusammen. Dann bleibt Ihnen Zeit für die Zubereitung von Schweinenackenröllchen am Spieß, Lachskoteletts mit Grilltomaten, gefüllten Brötchen mit Garnelen oder Rote-Bete-Burgern. Planen Sie etwas langfristiger, dann freuen sich Fleisch- und Fischliebhaber über Schälrippchen in Cola-Marinade oder Fischburger mit Wasabicreme.

Tipps zum Vorbereiten

* Die Spieße können bereits am Vortag in der Marinade eingelegt werden und zugedeckt im Kühlschrank durchziehen.

Gespießte Schweinenackenwürfel

Schnell gemacht

Zubereitungszeit: 30 Minuten
Marinierzeit: etwa 3 Stunden
Grillzeit: etwa 20 Minuten
12 Portionen (12 Spieße)

etwa 2 kg Schweinenacken
1 Bund Rosmarin
gem. Pfeffer
500 ml Malzbier

Für die Sauce:
2 Knoblauchzehen
1 Gemüsezwiebel (etwa 250 g)
2 EL Rapsöl
1 EL Tomatenmark
400 ml Malzbier
2 TL Demi Glace oder Saucenpulver für braune Saucen

Salz

2 kleine Bauernbrote (etwa 600 g)

Außerdem:
12 Grillspieße (z. B. Bambusspieße etwa 25 cm, über Nacht in Wasser eingelegt, oder Metallspieße)

01 Das Schweinefleisch unter fließendem kalten Wasser abspülen und mit Küchenpapier trocken tupfen. Das Fleisch zunächst in Scheiben, dann in etwa gleich große Würfel (je etwa 40 g) schneiden. Jeweils 4 Fleischwürfel auf einen Spieß stecken.

02 Rosmarin abspülen, trocken tupfen und die Nadeln von den Zweigen zupfen. Die Nadeln klein schneiden.

03 Die Fleischspieße nebeneinander in eine flache Schale legen, mit Pfeffer und Rosmarin bestreuen. Die Spieße mit dem Malzbier begießen. Die Spieße zugedeckt im Kühlschrank etwa 3 Stunden durchziehen lassen.

04 Für die Sauce Knoblauch und Zwiebel abziehen und fein würfeln. Das Rapsöl in einem Topf erhitzen. Die Knoblauch- und Zwiebelwürfel darin anbraten. Tomatenmark hinzufügen und unterrühren. Das Malzbier hinzugießen, Demi Glace oder Saucenpulver unterrühren und die Sauce um etwa ein Drittel einkochen lassen.

05 Die Fleischspieße aus der Marinade nehmen und etwas abtropfen lassen. Die Marinade noch in die Sauce geben und die Sauce nochmals aufkochen lassen.

06 Die Fleischspieße mit Salz bestreuen und auf den Grillrost (gefettet) des heißen Grills legen. Die Spieße etwa 20 Minuten grillen, dabei gelegentlich wenden.

07 Das Bauernbrot in Scheiben schneiden und kurz auf dem Grill anrösten. Die Röstbrotscheiben mit den Spießen und der heißen Sauce servieren.

Tipps: Die Sauce nach Belieben mit etwas Speisestärke binden und mit Rotwein verfeinern, dazu 1 Teelöffel Speisestärke mit etwas Wasser anrühren und mit 100 ml Rotwein in die Sauce einrühren. Die Sauce kurz aufkochen und nochmals etwa 5 Minuten köcheln lassen.

Pro Portion: E: 34 g, F: 25 g, Kh: 31 g, kJ: 2053, kcal: 489, BE: 2,5

Tipps zum Vorbereiten

* Die Burger können Sie etwa 3 Stunden vor dem Grillen zubereiten und formen. Die vorbereiteten Burger zugedeckt in den Kühlschrank stellen.

* Auch die Curry-Ananas-Mayonnaise kann dann schon zubereitet werden und ebenfalls zugedeckt im Kühlschrank stehen.

Gegrillte Madrasburger

Pikant-fruchtig

Zubereitungszeit: 80 Minuten
Grillzeit: 25–30 Minuten
12 Portionen

2 kg Gehacktes (halb Rind- und halb Schweinefleisch)
100 g Mango-Chutney (aus dem Glas)
4 Eier (Größe M)
Salz
gem. Pfeffer

360 g frische Ananas (in 4 Ringe geschnitten)
250 g Salatmayonnaise
1 ½ EL mildes Currypulver
12 Salatblätter (z. B. Kopfsalat- oder Eisbergsalatblätter)

etwa 3 EL Speiseöl, z. B. Sonnenblumenöl
12 Hamburger Brötchen
12 TL Röstzwiebeln

01 Das Gehackte in eine große Schüssel geben. Mango-Chutney fein hacken, falls sich größere Stückchen im Chutney befinden. Das Chutney und die Eier zum Gehackten geben.

02 Die Zutaten gut vermengen, mit Salz und Pfeffer würzen. Aus dem Gehackten mit angefeuchteten Händen 12 flache, gleich große Burger formen.

03 Die Ananasringe waagerecht halbieren, in Stücke schneiden und gut abtropfen lassen. Dabei den Saft auffangen. Die Mayonnaise in einer kleinen Schüssel mit dem Currypulver verrühren, mit etwas aufgefangenem Ananassaft, Salz und Pfeffer abschmecken. Ananasstücke untermischen. Salatblätter abspülen und trocken tupfen.

04 Die Burger rundherum mit etwas Speiseöl einstreichen und auf den Grillrost (gefettet) des heißen Grills legen, 25–30 Minuten unter gelegentlichem Wenden grillen.

05 Die Hamburger Brötchen halbieren und zum Schluss auf dem Grill mitrösten.

06 Die unteren Brötchenhälften zuerst mit je einem Salatblatt und dann mit den gegrillten Burgern belegen. Jeweils einen Esslöffel Curry-Ananas-Mayonnaise und einen Teelöffel Röstzwiebeln daraufgeben. Die oberen Brötchenhälften darauflegen und die Burger sofort servieren.

Tipps: Zum Einstreichen der Burger und anderen Grillguts mit Speiseöl eignen sich Backpinsel. Verwenden Sie immer ein Speiseöl, das eine große Hitzestabilität hat, wie z. B. Sonnenblumenöl.

Pro Portion: E: 37 g, F: 46 g, Kh: 35 g, kJ: 2946, kcal: 703, BE: 3,0

Tipps zum Vorbereiten

* Die Curryforellen können Sie etwa 1 Stunde vor dem Grillen bis einschließlich Punkt 4 vorbereiten. Die Forellenpäckchen dann in den Kühlschrank legen.

Curryforellen aus der Folie

Raffiniert

Zubereitungszeit: 1 Stunde
Grillzeit: 25–30 Minuten
12 Portionen

12 Möhren
3 Bund Frühlingszwiebeln
3 Bio-Limetten (unbehandelt, ungewachst)
12 küchenfertige Forellen (je 250–300 g)
Salz
gem. Pfeffer
7–8 TL Currypulver
12 kleine Stängel Thymian
12 getrocknete Lorbeerblätter
250 g Butter (zimmerwarm)

Außerdem:
12 Bögen Backpapier
12 Bögen Alufolie

01 Die Möhren putzen, schälen, abspülen, halbieren und schräg in dünne Streifen schneiden. Die Frühlingszwiebeln putzen, abspülen, abtropfen lassen und schräg in 1 cm breite Ringe schneiden. Die Limetten heiß abspülen, abtrocknen und je in 8 Spalten schneiden.

02 Die Forellen innen und außen unter fließendem kalten Wasser abspülen und trocken tupfen. Die Forellen von innen und außen mit Salz, Pfeffer und Currypulver bestreuen.

03 Thymianstängel abspülen und trocken tupfen. Die Forellen mit Möhrenstreifen, Frühlingszwiebelringen, Limettenspalten, Thymianstängeln und Lorbeerblättern füllen.

04 Die Butter in 12 Portionen teilen. Jede Forelle mit einer Portion Butter bestreichen. Jeweils einen Bogen Backpapier auf einen Bogen Alufolie legen. Je 1 Forelle daraufsetzen. Zuerst das Backpapier, dann die Alufolie fest verschließen, sodass Päckchen entstehen, dabei darauf achten, dass die Päckchen wirklich dicht sind.

05 Die Forellenpäckchen auf den Grillrost des heißen Grills legen und bei nicht zu starker Hitze 25–30 Minuten grillen.

06 Die Forellenpäckchen vorsichtig auf Teller legen, leicht öffnen und servieren.

Tipps: Die Forellen bei mittlerer Hitze grillen. Dafür den Grillrost höher stellen oder die Forellen am Rand des Grillrosts grillen.

Pro Portion: E: 41 g, F: 24 g, Kh: 6 g, kJ: 1699, kcal: 406, BE: 0,0

Tipps zum Vorbereiten

* Bereits am Vortag können Sie das Pesto zubereiten, die Schweinenackenspieße und die Kohlrabis bis einschließlich Punkt 5 vorbereiten. Die Spieße und die erkalteten Kohlrabischeiben dann zugedeckt in den Kühlschrank stellen.

Schweinenacken-röllchen am Spieß

Mal etwas anderes

Zubereitungszeit: 45 Minuten
Grillzeit: etwa 30 Minuten
12 Portionen (12 Spieße)

Für die Spieße:
2 kg Schweinenacken

Für das Pesto:
6 Kohlrabi (etwa 2 ½ kg)
1 Topf Basilikum
4 Knoblauchzehen
100 g Pinienkerne
200 ml Olivenöl
100 g ger. Parmesan

gem. Pfeffer

Salzwasser

100 g Kräuterbutter
Salz

Außerdem:
12 Grillspieße (z. B. Bambusspieße 15–20 cm, über Nacht in Wasser eingelegt, oder Metallspieße)

Grillschalen ohne Löcher

01 Für die Spieße den Schweinenacken unter fließendem kalten Wasser abspülen, trocken tupfen und waagerecht halbieren. Die Nackenhälften in 72 dünne Scheiben (je 25–30 g) schneiden. Oder das Nackenfleisch bereits beim Metzger in dünne Scheiben schneiden lassen.

02 Für das Pesto von den Kohlrabis die kleinen, zarten Blätter abzupfen. Davon etwa 60 g Kohlrabiblätter abwiegen, abspülen und abtropfen lassen. Die Kohlrabis für das Kohlrabigemüse beiseitestellen.

03 Basilikum abspülen, abtropfen lassen und die Blättchen von den Stängeln zupfen. Knoblauch abziehen. Kohlrabi- und Basilikumblättchen, Knoblauch, Pinienkerne und Olivenöl in einen hohen Rührbecher geben und pürieren. Parmesan hinzufügen und das Ganze nochmals gut durchpürieren.

04 Die Fleischscheiben mit Pfeffer bestreuen, mit dem Pesto bestreichen und anschließend aufrollen. Jeweils 6 Fleischröllchen auf einen Spieß stecken.

05 Die beiseitegelegten Kohlrabis schälen, abspülen, abtropfen lassen, vierteln und in Scheiben schneiden. Salzwasser in einem Topf zum Kochen bringen und die Kohlrabischeiben darin evtl. portionsweise etwa 5 Minuten garen. Dann die Kohlrabischeiben in ein Sieb geben, mit kaltem Wasser abspülen und abtropfen lassen.

06 Die Kräuterbutter zerlassen. Die Kohlrabischeiben in den Grillschalen verteilen und mit der Kräuterbutter vermischen.

07 Die Nackenspieße mit Salz und Pfeffer würzen, auf den Grillrost (gefettet) des heißen Grills legen. Die Grillschalen ebenfalls auf den Grillrost stellen. Die Spieße unter Wenden und das Kohlrabigemüse etwa 20 Minuten grillen.

Tipps: Schneller geht die Zubereitung der Spieße, wenn Sie fertiges Pesto aus dem Glas nehmen. Statt Kohlrabis eignen sich auch Möhren für das Grillgemüse.

Pro Portion: E: 38 g, F: 52 g, Kh: 6 g, kJ: 2672, kcal: 638, BE: 0,5

Tipps zum Vorbereiten

* Besonders gut durchgezogen sind die Rippchen, wenn sie bereits am Vortag in die Cola-Marinade eingelegt werden und so über Nacht durchziehen können.

Schälrippchen in Cola-Marinade

Zum Abknabbern

Zubereitungszeit: 30 Minuten
Marinierzeit: etwa 12 Stunden
Grillzeit: etwa 30 Minuten
12 Portionen

6 rote Zwiebeln (etwa 500 g)
8 Knoblauchzehen
800 ml Cola
400 ml Rotwein-Essig
600 ml süße Chili-Sauce
200 ml Teriyaki-Sauce
2 TL grober schwarzer Pfeffer
2 TL brauner Zucker

etwa 4 ¾ kg dünne Rippe (Schälrippchen vom Schwein)

1 Baguette (etwa 300 g)
250 g Knoblauchbutter

Außerdem:
Grillschalen

01 Zwiebeln und Knoblauch abziehen und fein würfeln. Cola mit Essig, Chili-Sauce und Teriyaki-Sauce verrühren. Pfeffer und Zucker unterrühren, so lange rühren, bis der Zucker sich gelöst hat.

02 Die Rippchen unter fließendem kalten Wasser abspülen, trocken tupfen und in Portionsstücke (je etwa 400 g) schneiden. Die Rippchenstücke in eine Schüssel schichten und mit der Marinade übergießen. Die Schüssel zugedeckt in den Kühlschrank stellen. Die Rippchen etwa 12 Stunden durchziehen lassen.

03 Zum Grillen die Rippchen aus der Marinade nehmen, etwas abtropfen lassen und auf den Grillrost (gefettet) des heißen Grills legen. Die Rippchen etwa 30 Minuten bei nicht zu starker Hitze grillen, dabei gelegentlich wenden.

04 Inzwischen das Baguette in Scheiben schneiden und mit der Knoblauchbutter bestreichen. Die Scheiben in die Grillschalen legen, diese auf den Grillrost stellen und die Knoblauchbrote kurz anrösten.

05 Die Rippchen mit den Knoblauchbroten servieren.

Beilagen-Tipp: Zusätzlich noch einen gemischten Salat oder Folienkartoffeln dazureichen.

Pro Portion: E: 37 g, F: 30 g, Kh: 19 g, kJ: 2065, kcal: 494, BE: 1,5

Tipps zum Vorbereiten

* Die Fleischstücke können Sie bereits am Vortag in die Marinaden einlegen und im Kühlschrank durchziehen lassen.

Grill-Mix (Titelrezept)

Purer Fleischgenuss

Zubereitungszeit: 40 Minuten
Marinierzeit: etwa 2 Stunden
Grillzeit: etwa 20 Minuten
12 Portionen

12 kleine Hähnchenkeulen (je etwa 150 g)
12 Stielkoteletts (je etwa 180 g)
12 Lammkoteletts (je etwa 100 g)

Für die Hähnchenmarinade:
1 Knoblauchzehe
etwa 1 EL Kräuter der Provence
3–4 EL Sojasauce
etwa 125 ml Olivenöl
gem. Pfeffer

Für die Stielkotelettmarinade:
1 Zwiebel
1 Knoblauchzehe
3–4 Zweige Rosmarin
evtl. 2 EL mittelscharfer Senf
etwa 125 ml Olivenöl

Für die Lammkotelettmarinade:
2 Knoblauchzehen
2–3 Zweige Rosmarin
2–3 Stängel Thymian
etwa 75 ml Olivenöl
½ TL Chilipulver
½ TL gem. Kümmelsamen

Salz

01 Die Hähnchenkeulen, die Stielkoteletts und die Lammkoteletts unter fließendem kalten Wasser abspülen und trocken tupfen. Die Hähnchenkeulen 2–3-mal etwa 1 cm tief einschneiden.

02 Für die Hähnchenmarinade den Knoblauch abziehen und durch eine Knoblauchpresse drücken. Knoblauch mit den Kräutern der Provence und der Sojasauce verrühren. Das Olivenöl unterschlagen. Die Marinade mit Pfeffer würzen.

03 Für die Stielkotelettmarinade Zwiebel und Knoblauch abziehen und fein würfeln. Rosmarin abspülen, trocken tupfen und die Nadeln von den Zweigen zupfen. Rosmarinnadeln, Zwiebel- und Knoblauchwürfel mit Senf verrühren. Olivenöl unterschlagen.

04 Für die Lammkotelettmarinade Knoblauch abziehen und durch eine Knoblauchpresse drücken. Rosmarin und Thymian abspülen, trocken tupfen und die Nadeln bzw. Blättchen abzupfen. Knoblauch mit den Kräuternadeln und -blättchen und dem Olivenöl verschlagen. Marinade mit Chili und Kümmel würzen.

05 Die Hähnchenkeulen, die Stiel- und Lammkoteletts jeweils in 1–2 große Gefrierbeutel geben und die entsprechende Marinade dazugießen. Die Beutel auslaufsicher verschließen. Die Marinade mit den Händen auf den Fleischstücken verteilen. Die Beutel in den Kühlschrank legen und die Fleischstücke etwa 2 Stunden marinieren, dabei die Beutel ab und zu wenden.

06 Zum Grillen die Fleischstücke aus den Marinaden nehmen und etwas abtropfen lassen. Die Fleischstücke mit Salz würzen und auf den Grillrost (gefettet) des heißen Grills legen. Die Hähnchenkeulen etwa 20 Minuten grillen, dabei ab und zu wenden und mit etwas von der Marinade bestreichen. Die Stielkoteletts etwa 12 Minuten und die Lammkoteletts etwa 10 Minuten grillen, dabei einmal wenden.

Hinweis: Tipps zum Grillen von Gemüse finden Sie auf den Seiten 31 und 105.

Pro Portion: E: 67 g, F: 37 g, Kh: 0 g, kJ: 2515, kcal: 601, BE: 0,0

Tipps zum Vorbereiten

* Die Lachskoteletts und die Tomaten können bis einschließlich Punkt 2 etwa 2 Stunden vor dem Grillen vorbereitet werden. Die Lachskoteletts dann zugedeckt in den Kühlschrank und die Tomaten auf jeden Fall kühl stellen.

Lachskoteletts mit Grilltomaten

Einfach zu machen

Zubereitungszeit: 1 Stunde
Grillzeit: etwa 15 Minuten
12 Portionen

24 mittelgroße Tomaten
gem. Pfeffer
250 g Kräuterbutter

12 Lachskoteletts (je etwa 180 g)
Zitronensaft
etwa 175 ml Speiseöl, z. B. Olivenöl
2 Kästchen Kresse
Salz

Außerdem:
24 Bögen Backpapier
24 Bögen Alufolie

01 Die Tomaten abspülen, trocken tupfen und die Stängelansätze herausschneiden. Die Tomaten an der runden Seite kreuzweise einschneiden, mit Pfeffer würzen. Kräuterbutter in 36 Scheiben schneiden. Die Tomaten auf der eingeschnittenen Seite jeweils mit 1 Scheibe Kräuterbutter belegen. Jeweils einen Bogen Backpapier auf einen Bogen Alufolie legen. Je eine Tomate daraufsetzen und einwickeln. Die restliche Kräuterbutter beiseitestellen.

02 Die Lachskoteletts unter fließendem kalten Wasser abspülen und trocken tupfen. Lachskoteletts mit Zitronensaft beträufeln und mit Speiseöl bestreichen.

03 Die Kresse abspülen, trocken tupfen und abschneiden.

04 Die Lachskoteletts mit Salz und Pfeffer würzen, auf den Grillrost (gefettet) des heißen Grills legen und etwa 15 Minuten grillen, dabei nach der Hälfte der Grillzeit einmal wenden. Während des Grillens den Lachs ab und zu mit etwas Speiseöl bestreichen.

05 Die Tomaten ebenfalls auf den Grillrost legen und etwa 10 Minuten mitgrillen.

06 Die Lachskoteletts mit den restlichen, beiseitegelegten Kräuterbutterscheiben und den ausgewickelten Tomaten servieren. Die Kresse zum Garnieren darüberstreuen.

Tipps: Die Lachskoteletts evtl. in Grillschalen (gefettet) grillen. Die Kräuterbutter-Tomaten nicht in Alufolie wickeln, sondern direkt auf dem Grillrost (gefettet) grillen. Die Tomaten dann jedoch nur 5 Minuten mitgrillen. Die Kräuterbutter erst nach dem Grillen auf die Tomaten geben.

Pro Portion: E: 38 g, F: 36 g, Kh: 5 g, kJ: 2068, kcal: 496, BE: 0,0

Tipps zum Vorbereiten

* Da die marinierten Hähnchenstücke über Nacht durchziehen sollen, sind sie ideal zum Vorbereiten am Vortag.

Hähnchenstücke in Mango-Chutney-Marinade

Einfach zu machen

Zubereitungszeit: 1 Stunde
Marinierzeit: über Nacht
Grillzeit: 10–15 Minuten
12 Portionen

9 Hähnchenkeulen (je etwa 150 g)
9 Hähnchenbrustfilets (je etwa 140 g)

Für die Marinade:
120 g Mango-Chutney (aus dem Glas)
9 EL Nuss- oder Sesamöl
4–5 EL Sojasauce
1 Topf frischer Koriander oder
1 ½ gestr. TL gem. Koriander

gem. Pfeffer

01 Hähnchenkeulen und Hähnchenbrustfilets kurz unter fließendem kalten Wasser abspülen und trocken tupfen. Die Hähnchenkeulen im Gelenk halbieren. Die Hähnchenbrustfilets jeweils halbieren. Hähnchenfleisch in eine flache Schale legen.

02 Für die Marinade Chutney mit Nuss- oder Sesamöl und Sojasauce gut verrühren. Koriander abspülen und trocken tupfen. Die Blättchen von den Stängeln zupfen. Blättchen klein schneiden und unter die Marinade rühren oder den gemahlenen Koriander unterrühren.

03 Das Hähnchenfleisch mit Pfeffer bestreuen. Die Marinade darauf verteilen. Das Hähnchenfleisch mit Frischhaltefolie zugedeckt im Kühlschrank über Nacht durchziehen lassen.

04 Das Hähnchenfleisch aus der Marinade nehmen, auf den Grillrost (gefettet) des heißen Grills legen und unter gelegentlichem Wenden 10–15 Minuten grillen.

Beilagen-Tipp: Reichen Sie zu den Hähnchenstücken einen **asiatisch angemachten Kartoffelsalat.** Dazu 250 ml Mayonnaise mit 250 g Joghurt, 3 Esslöffeln Sesamöl und 3 Esslöffeln Zitronensaft in einer großen Salatschüssel verrühren. Die Sauce mit 3 Teelöffeln Sojasauce, Pfeffer, gemahlenem Ingwer, Zucker und Chiliflocken würzen. 2 ¼ kg gegarte Pellkartoffeln pellen, in dünne Scheiben schneiden (evtl. mit einem Eierschneider) und unter die Sauce mischen. 6 rote Zwiebeln abziehen, fein würfeln und unter den Salat geben. Den Salat etwa 5 Minuten durchziehen lassen. In der Zwischenzeit 1 ½ Salatgurken abspülen, abtrocknen oder nach Belieben schälen, die Enden abschneiden. Die Gurken längs vierteln und in Scheiben schneiden. 600 g abgetropfte Mungobohnenkeimlinge (aus dem Glas) und die Gurkenscheiben unter den Kartoffelsalat heben. Den Salat nochmals mit den Gewürzen abschmecken. Den Kartoffelsalat mit 4 Esslöffeln geröstetem Sesamsamen bestreut servieren.

Pro Portion: E: 40 g, F: 13 g, Kh: 1 g, kJ: 1173, kcal: 281, BE: 0,0

Tipps zum Vorbereiten

* Bereiten Sie die Röllchen am Vortag zu – dabei die Schnitzel nicht mit Salz bestreuen – und stellen sie diese dann zugedeckt in den Kühlschrank. Würzen Sie die Putenröllchen gegebenenfalls nach dem Grillen mit etwas Salz.

Gefüllte Putenröllchen

Warm und kalt ein Genuss

Zubereitungszeit: 30 Minuten
Grillzeit: etwa 15 Minuten
12 Portionen

1–2 Knoblauchzehen
150 g geröstete, gesalzene Erdnusskerne
75 g Erdnussbutter (Erdnusscreme, crunchy)
1 ½ TL Sambal Oelek
2 TL brauner Zucker
3–4 TL Sojasauce
4 EL Wasser
Salz
150 g Frühlingszwiebeln
12 sehr dünne Putenschnitzel (je etwa 100 g)

2–4 EL Speiseöl, z. B. Rapsöl

Außerdem:
12 kleine Holzspießchen (in Wasser eingelegt)

01 Den Knoblauch abziehen, mit den Erdnusskernen grob hacken und in einen hohen Rührbecher geben. Erdnussbutter, 1 Teelöffel Sambal Oelek, braunen Zucker, Sojasauce und Wasser hinzugeben. Die Zutaten pürieren. Die Erdnusspaste mit Salz und restlichem Sambal Oelek abschmecken.

02 Frühlingszwiebeln putzen, abspülen, abtropfen lassen und in sehr dünne Scheiben schneiden.

03 Die Putenschnitzel unter fließendem kalten Wasser abspülen und trocken tupfen. Putenschnitzel mit etwas Salz bestreuen und mit der Erdnusspaste bestreichen. Die Frühlingszwiebelscheiben daraufstreuen. Die Putenschnitzel aufrollen und mit Holzspießchen feststecken.

04 Die Putenröllchen vor dem Grillen rundherum dünn mit Speiseöl bestreichen. Die Putenröllchen auf den Grillrost (gefettet) des heißen Grills bei nicht zu starker Hitze oder am Rand des Grillrostes etwa 15 Minuten grillen. Dabei die Röllchen immer wieder wenden.

Tipps: Die Röllchen lassen sich auch mit dünnen Schweineschnitzeln zubereiten.
Noch bunter werden die Röllchen, wenn man zusätzlich dünne Streifen einer gelben Paprikaschote mit einrollt.

Beilagen-Tipps: Die Putenröllchen warm oder kalt mit einer süß-scharfen Sauce oder einfach mit etwas Sojasauce servieren.

Pro Stück: E: 29 g, F: 12 g, Kh: 4 g, kJ: 1017, kcal: 243, BE: 0,5

Tipps zum Vorbereiten

* Das Gemüse und die Steckerl-Fische können 3–5 Stunden vor dem Grillen vorbereitet werden. Die Fische und das Gemüse dann zugedeckt in den Kühlschrank stellen.

Steckerl-Doraden

Gespießter Fisch

Zubereitungszeit: 40 Minuten
Grillzeit: 30–60 Minuten
12 Portionen

12 küchenfertige Doraden (je etwa 400 g)
1 Bund Rosmarin
1 Bund Thymian
6 Knoblauchzehen
Salz
gem. Pfeffer

6 große Paprikaschoten (je etwa 200 g)
6 Fenchelknollen (je etwa 230 g)
200 ml Olivenöl

Außerdem:
große Grillschalen (mit hohem Rand und ohne Löcher)
12 lange Bambusstäbe (z. B. aus dem Gartenbedarf)

01 Die Doraden innen und außen unter fließendem kalten Wasser abspülen und mit Küchenpapier trocken tupfen.

02 Rosmarin und Thymian abspülen, trocken tupfen und die Nadeln bzw. Blättchen von den Stängeln zupfen. Die Nadeln und Blättchen fein schneiden. Knoblauch abziehen, fein würfeln und mit den Kräutern vermischen.

03 Die Doraden innen und außen mit Salz, Pfeffer und der Kräuter-Knoblauch-Mischung würzen. Jeden Fisch mit einem Stab durch die Maulöffnung bis zum Schwanz aufspießen, sodass der Stab je etwa 5–10 cm rechts und links über den Fisch hinausragt. Die Doraden von beiden Seiten je 2–3 mal einschneiden.

04 Die Paprikaschoten halbieren, entstielen, entkernen und die weißen Scheidewände entfernen. Schoten abspülen, abtropfen lassen und in Stücke schneiden. Die Fenchelknollen putzen, abspülen, abtropfen lassen, halbieren und in kleine Stücke schneiden.

05 Die Paprika- und Fenchelstücke mit Salz und Pfeffer würzen, mit dem Olivenöl vermischen. Das Gemüse in den Grillschalen verteilen. Die Steckerlfische so darauflegen, dass die Stäbe jeweils am Rand aufliegen.

06 Die Grillschalen auf den Grillrost des vorgeheizten Grills stellen. Die Fische unter Wenden 30–60 Minuten (je nach Hitzeeinwirkung) grillen, dabei auch das Gemüse gelegentlich umrühren.

Tipps: Es gibt Grillstationen mit gegabelten Metallstäben, in welche die Fischstäbe gehängt werden. Dann das Gemüse separat garen.
Oder: Die Holzkohle in einem Feuerloch zum Glühen bringen, links und rechts davon gegabelte Stäbe fest in die Erde stecken und die Steckerlfische in die Gabelung einhängen. Dabei die Fische hin und wieder drehen, bis sie gar sind.

Pro Portion: E: 61 g, F: 38 g, Kh: 7 g, kJ: 2563, kcal: 612, BE: 0,5

Tipps zum Vorbereiten

* Die Nackensteaks können Sie bereits am Vortag in die Marinade einlegen und im Kühlschrank durchziehen lassen.

Schweinenackensteaks in Sojamarinade

Beliebt

Zubereitungszeit: 20 Minuten
Marinierzeit: 2–3 Stunden
Grillzeit: etwa 15 Minuten
12 Portionen

12 Schweinenackensteaks (je etwa 180 g)

Für die Marinade:
6 EL Sojasauce
2 TL grob geschroteter Pfeffer
2 TL Currypulver
½ TL Cayennepfeffer
etwa 120 ml Olivenöl

Salz

01 Die Nackensteaks unter fließendem kalten Wasser abspülen und trocken tupfen.

02 Für die Marinade Sojasauce, Pfeffer, Curry und Cayennepfeffer verrühren. Das Olivenöl unterschlagen. Die Nackensteaks mit der Marinade bestreichen und zugedeckt im Kühlschrank 2–3 Stunden marinieren.

03 Die Steaks aus der Marinade nehmen, abtropfen lassen und mit etwas Salz würzen. Die Nackensteaks auf den Grillrost (gefettet) des heißen Grills legen. Die Steaks unter gelegentlichem Wenden etwa 15 Minuten grillen. Die Nackensteaks während des Grillens mit der Marinade bestreichen.

Beilagen-Tipp: Perfekt eignet sich **gegrilltes Gemüse.** Dafür 2–3 Stunden vor dem Grillen das Gemüse (z. B. 8 Paprikaschoten, 3–4 Zucchini, 2–3 Gemüsezwiebeln) putzen und in Viertel bzw. Scheiben schneiden. Das vorbereitete Gemüse mit einer Mischung aus Olivenöl und Kräutern der Provence bestreichen und zugedeckt kühl stellen. Das Gemüse zum Grillen direkt mit auf den Grillrost (gefettet) legen oder in Grillschalen auf den Grillrost stellen. Das Gemüse unter Wenden 5–7 Minuten grillen und zum Servieren mit etwas Salz bestreuen.

Marinier-Tipp: Geben Sie zum Marinieren die Nackensteaks mit der Marinade doch einfach in 1–2 große Gefrierbeutel. Die Beutel auslaufsicher verschließen. Die Marinade mit den Händen auf den Nackensteaks verteilen. Die Beutel in den Kühlschrank legen und ab und zu wenden.

Pro Portion: E: 33 g, F: 27 g, Kh: 0 g, kJ: 1576, kcal: 376, BE: 0,0

Tipps zum Vorbereiten

* Die Marinade für die Fischfilets und den Gurkensalat können Sie bereits 3–4 Stunden vor dem Grillen vorbereiten. Die Marinade und auch den Salat dann zugedeckt in den Kühlschrank stellen.

Tilapiafilet, asiatisch mariniert

Leichter Genuss

Zubereitungszeit: 50 Minuten
Grillzeit: etwa 10 Minuten
12 Portionen

3 große, rote Chilischoten
6 Knoblauchzehen
12 EL Limettenöl
6 EL Zitronen-Currypulver (erhältlich im Asialaden)

Für den asiatischen Gurkensalat:
2 ¼ kg Salatgurke
3 EL Fischsauce
6 EL Sojasauce
1 ½ TL Zucker
einige Minze- oder Korianderblättchen

12 Tilapiafilets (je etwa 150 g)

Außerdem:
Grillschalen

01 Chilischoten entstielen, entkernen, abspülen und trocken tupfen. Chilischoten in kleine Ringe schneiden. 1 ½ Teelöffel davon für den asiatischen Gurkensalat beiseitelegen. Knoblauch abziehen und fein hacken.

02 Limettenöl mit Zitronen-Currypulver verrühren. Chili und Knoblauch unterrühren.

03 Für den asiatischen Gurkensalat die Gurken abspülen, abtrocknen oder schälen und die Enden abschneiden. Die Gurken in Scheiben hobeln. Die Fischsauce mit der Sojasauce verrühren, mit Zucker abschmecken, beiseitegelegte Chiliringe unterrühren.

04 Minze- oder Korianderblättchen abspülen, trocken tupfen und unter die Salatmarinade rühren. Die Salatmarinade mit den Gurkenscheiben mischen.

05 Die Tilapiafilets unter fließendem kalten Wasser abspülen und trocken tupfen. Die Filets gleichmäßig von beiden Seiten mit der Marinade bestreichen und in Grillschalen (gefettet) legen. Die Grillschalen auf den Grillrost des heißen Grills stellen.

06 Die Tilapiafilets bei nicht zu starker Hitze von beiden Seiten je etwa 5 Minuten grillen. Vorsicht, die Marinade brennt schnell an!

07 Die Tilapiafilets mit dem Gurkensalat servieren.

Pro Portion: E: 26 g, F: 5 g, Kh: 5 g, kJ: 731, kcal: 175, BE: 0,0

Tipps zum Vorbereiten

* Die Spieße können bereits am Vortag in die Marinade eingelegt werden und zugedeckt im Kühlschrank durchziehen.

* Auch der Salat schmeckt besonders gut, wenn er am Vortag (ohne die Frühlingszwiebeln) zubereitet wird und ebenso über Nacht durchziehen kann. Die Frühlingszwiebeln etwa 2 Stunden vor dem Servieren dazugeben.

Saté-Spieße mit feinen Bauchscheiben

Deftig

Zubereitungszeit: 45 Minuten
Marinierzeit: mindestens 5 Stunden
Grillzeit: etwa 30 Minuten
12 Portionen (12 Spieße)

12 kleine festkochende Kartoffeln (etwa 500 g)
Salzwasser
1 große Zwiebel (etwa 200 g)
200 ml Fleischbrühe

2 ¾–3 kg frischer Schweinebauch in 60 dünnen Scheiben (je 45–50 g, am besten vom Metzger geschnitten)
gem. Pfeffer
1 l BBQ-Sauce mit feinem Rauch-Aroma

Für den Salat:
1 Bund Frühlingszwiebeln
150 ml Weißweinessig
200 ml Olivenöl
Salz
1 EL mittelscharfer Senf
1 kg abgespülte, abgetropfte Kidneybohnen (aus Dosen)
1 kg abgespülte, abgetropfte weiße Bohnen (aus Dosen)

Außerdem:
12 Grillspieße (z. B. Bambusspieße etwa 25 cm, über Nacht in Wasser eingelegt, oder Metallspieße)

01 Die Kartoffeln gründlich mit einer Bürste unter fließendem Wasser reinigen und trocken tupfen. Die Kartoffeln in dünne Scheiben schneiden. Salzwasser in einem Topf zum Kochen bringen und die Kartoffelscheiben darin etwa 5 Minuten garen. Die Kartoffelscheiben abgießen und abtropfen lassen.

02 Die Zwiebel abziehen und fein würfeln. Die Brühe erhitzen. Die Zwiebelwürfel darin 3–5 Minuten garen. Dann das Ganze erkalten lassen.

03 Die Schweinebauchscheiben nochmals quer halbieren, dabei evtl. vorhandene Knorpelstücke entfernen. Die Fleischscheiben wellenförmig zusammenlegen und jeweils 10 Stück abwechselnd mit je 9 Kartoffelscheiben auf die Spieße stecken.

04 Die Spieße mit Pfeffer bestreuen und in eine flache Schale legen. Die BBQ-Sauce mit der Zwiebel-Brühe-Mischung verrühren. Die Marinade auf den Fleischspießen verteilen. Die Spieße zugedeckt in den Kühlschrank stellen und mindestens 5 Stunden durchziehen lassen.

05 Für den Salat die Frühlingszwiebeln putzen, abspülen, abtropfen lassen und in feine Ringe schneiden. Essig mit Öl verschlagen, mit Salz, Pfeffer und Senf pikant würzen. Die Bohnen mit den Frühlingszwiebelscheiben und dem Dressing vermischen. Den Salat zugedeckt im Kühlschrank etwas durchziehen lassen.

06 Die Fleischspieße aus der Marinade nehmen, mit etwas Salz bestreuen und auf den gefetteten Grillrost des heißen Grills legen. Die Spieße etwa 30 Minuten grillen, dabei gelegentlich wenden.

07 Die Spieße mit dem Salat servieren.

Pro Portion: E: 56 g, F: 68 g, Kh: 34 g, kJ: 4065, kcal: 971, BE: 2,5

Tipps zum Vorbereiten

* Die gefüllten Brötchen können 1–2 Stunden vor dem Grillen bis einschließlich Punkt 4 zubereitet werden. Die Brötchenpäckchen dann in den Kühlschrank legen.

Gefüllte Brötchen

Schnell & einfach

Zubereitungszeit: 30 Minuten
Grillzeit: 10–15 Minuten
12 Portionen

250 g kleine, gegarte Garnelen (ohne Schale)
1 Zitrone
1 Bund Frühlingszwiebeln
3 Avocados (500 g)
Salz
gem. Pfeffer
3 EL Crema di Balsamico

12 Körner-Brötchen

Außerdem:
12 Bögen Backpapier
12 Bögen Alufolie

01 Die Garnelen evtl. unter fließendem kalten Wasser abspülen und gut auf Küchenpapier abtropfen lassen.

02 Die Zitrone halbieren und den Saft auspressen. Die Frühlingszwiebeln putzen, abspülen, abtropfen lassen und in feine Scheiben schneiden. Die Avocados längs halbieren und jeweils den Stein entfernen. Das Avocadofruchtfleisch aus den Schalen lösen und in kleine Würfel schneiden.

03 Die Garnelen mit den Frühlingszwiebelscheiben und den Avocadowürfeln vermischen, mit Salz, Pfeffer, Zitronensaft und Crema di Balsamico würzen.

04 Von den Brötchen jeweils im oberen Drittel einen Deckel abschneiden. Die Brötchen etwas aushöhlen. Den Salat in den Brötchen verteilen und die Brötchendeckel wieder auflegen. Jeweils einen Bogen Backpapier auf einen Bogen Alufolie legen. Die gefüllten Brötchen daraufsetzen. Zuerst das Backpapier, dann die Alufolie fest verschließen, sodass kleine Päckchen entstehen.

05 Die Brötchenpäckchen auf den Grillrost des heißen Grills legen und 10–15 Minuten grillen.

Tipps: Die ausgehöhlten Brötchen können vor dem Füllen mit weicher Knoblauch- oder Kräuterbutter ausgestrichen werden. Statt Garnelen eignen sich gewürfelter, geräucherter Lachs oder gewürfeltes, geräuchertes Forellenfilet.

Pro Portion: E: 10 g, F: 11 g, Kh: 31 g, kJ: 1111, kcal: 266, BE: 2,5

Tipps zum Vorbereiten

* Am Vortag können Sie den Sugo zubereiten und zugedeckt über Nacht in den Kühlschrank stellen.

* Die Makrelen wie in den Punkten 5–7 beschrieben 3–4 Stunden vor dem Grillen vorbereiten und ebenfalls in den Kühlschrank stellen.

Makrelen mit Dill-Tomaten-Sugo

Originell & einfach

Zubereitungszeit: 1 Stunde
Grillzeit: 15–20 Minuten
12 Portionen

Für den Sugo:
3 Knoblauchzehen
3 Zwiebeln
9 Tomaten
2 rote Chilischoten
1 Bund Dill
120 ml Olivenöl
3 TL flüssiger Honig
120 ml Sherry- oder Balsamico-Essig
Salz
gem. Pfeffer

Für die Makrelen:
12 küchenfertige Makrelen (je etwa 275 g)
3 TL Paprikapulver edelsüß
9 Bio-Zitronen (unbehandelt, ungewachst)

etwas Olivenöl zum Bestreichen

Außerdem:
12 Bögen Backpapier
12 Bögen Alufolie

01 Für den Sugo Knoblauch und Zwiebeln abziehen, halbieren und fein würfeln. Tomaten abspülen, abtrocknen, halbieren, vierteln und die Stängelansätze herausschneiden. Tomatenviertel entkernen und klein würfeln. Die Chilischoten entstielen, entkernen, abspülen, abtrocknen und in feine Ringe schneiden.

02 Dill abspülen, trocken tupfen und einige Stängel zum Garnieren beiseitelegen. Die Spitzen von den restlichen Stängeln zupfen und fein schneiden.

03 Das Olivenöl in einem Topf erhitzen. Knoblauch- und Zwiebelwürfel glasig dünsten. Honig darin unterrühren und leicht karamellisieren lassen. Tomatenwürfel und Chilischotenringe kurz unterrühren, mit dem Essig ablöschen. Die Zutaten 1–2 Minuten weiterdünsten, dann den fein geschnittenen Dill kurz einrühren. Den Sugo mit Salz und Pfeffer würzen.

04 Makrelen innen und außen unter fließendem kalten Wasser abspülen und trocken tupfen. Die Makrelen von beiden Seiten 3-mal schräg bis zur Mittelgräte einschneiden, von innen und außen mit Salz, Pfeffer und Paprika bestreuen.

05 Die Zitronen heiß abspülen, abtrocknen und jeweils in 6–8 dünne Scheiben schneiden. Diese halbieren und in die Einschnitte der Makrelen stecken. Die Makrelen mit etwas Olivenöl einstreichen. Jeweils einen Bogen Backpapier auf einen Bogen Alufolie legen. Je 1 Makrele darauflegen. Zuerst das Backpapier, dann die Alufolie vorsichtig verschließen, sodass Päckchen entstehen.

06 Die Makrelenpäckchen auf den Grillrost des heißen Grills legen. Die Makrelen bei nicht zu starker Hitze 15–20 Minuten grillen.

07 Die beiseitegelegten Dillstängel kleiner zupfen. Die Makrelen auswickeln, mit den Dillstängeln garnieren und mit dem Dill-Tomaten-Sugo servieren.

Tipp: Die Makrelen sind gar, wenn sich die Rückenflossen leicht herausziehen lassen.

Pro Portion: E: 43 g, F: 39 g, Kh: 8 g, kJ: 2353, kcal: 561, BE: 0,5

Tipps zum Vorbereiten

* Die Burger können Sie etwa 3 Stunden vor dem Grillen zubereiten, formen und zugedeckt in den Kühlschrank stellen.

Rote-Bete-Burger

Klassiker in neuem Gewand

Zubereitungszeit: 45 Minuten
Grillzeit: etwa 30 Minuten
12 Portionen

440 g abgetropfte Rote Bete (aus dem Glas)
300 g Feta-Käse
1 Topf Basilikum
1 ½ kg Rinderhackfleisch
2 Eier (Größe M)
Salz
gem. Pfeffer

12 große Salatblätter
6 Tomaten (etwa 300 g)
1 Gemüsezwiebel
12 Finn-Brötchen (Roggenmisch-Toastbrötchen, 780 g)

Außerdem:
Grillschalen

01 Rote Bete und Feta-Käse etwas kleiner schneiden, in eine Rührschüssel geben und grob pürieren. Basilikum abspülen, trocken tupfen und die Blättchen von den Stängeln zupfen. Die Blättchen fein schneiden.

02 Das Rinderhackfleisch in eine große Schüssel füllen. Rote-Bete-Käsegemisch, Basilikum und Eier hinzugeben und untermengen. Die Masse mit Salz und Pfeffer würzen.

03 Aus der Hackmasse mit angefeuchteten Händen 12 flache Burger in Größe der Brötchen formen. Diese in die Grillschalen (gefettet) legen.

04 Die Salatblätter abspülen und trocken schleudern. Tomaten abspülen, trocken tupfen und in Scheiben schneiden, dabei die Stängelansätze herausschneiden. Zwiebel abziehen und in dünne Scheiben schneiden.

05 Die Grillschalen auf den Grillrost des heißen Grills stellen. Die Burger etwa 30 Minuten grillen, dabei nach etwa der Hälfte der Grillzeit wenden. Die Finn-Brötchen waagerecht halbieren und kurz vor dem Ende der Burger-Grillzeit mit auf dem Grill anrösten.

06 Die unteren Brötchenhälften zuerst mit je einem Salatblatt und dann mit den gegrillten Burgern belegen. Jeweils einige Tomaten- und Zwiebelscheiben darauf verteilen. Die oberen Brötchenhälften darauflegen und die Burger sofort servieren.

Tipp: Die Burger mit einem kleinen Spieß feststecken.

Pro Portion: E: 37 g, F: 28 g, Kh: 36 g, kJ: 2261, kcal: 539, BE: 3,0

Tipps zum Vorbereiten

* Sie können die geknebelten Peperoni 2–3 Sunden vor dem Grillen bis einschließlich Punkt 4 vorbereiten und zugedeckt in den Kühlschrank stellen.

Geknebelte Peperoni

Gefüllt & umhüllt

Zubereitungszeit: 60 Minuten
Grillzeit: etwa 8 Minuten
12 Portionen (24 Stück)

12 rote und 12 grüne Peperoni
2 Bio-Limetten (unbehandelt, ungewachst)
4 Stängel Thymian
4 Knoblauchzehen
700 g Gehacktes (halb Rind-, halb Schweinefleisch)
2 EL Schlagsahne oder Crème fraîche
1 TL gem. Ingwer
1 TL Currypulver
Salz

24 Scheiben Frühstücksspeck (Bacon, je etwa 15 g)

Außerdem:
24 kleine Grillspieße (z. B. Bambusspieße 15–20 cm, über Nacht in Wasser eingelegt, oder Metallspieße)

01 Die Peperoni längs aufschneiden, entkernen, abspülen und abtropfen lassen. Limetten heiß abwaschen, abtrocknen und die Schale dünn abreiben. Limetten halbieren und auspressen.

02 Thymian abspülen, trocken tupfen und die Blättchen von den Stängeln zupfen. Die Blättchen fein schneiden. Knoblauch abziehen und durch eine Knoblauchpresse drücken.

03 Gehacktes mit Sahne oder Crème fraîche, Ingwer, Curry, Limettenschale und -saft, Thymian und Knoblauch in einer Schüssel vermengen. Die Masse mit Salz würzen.

04 Die Gehacktesmasse evtl. in 2 Portionen in einen Gefrierbeutel füllen und eine Ecke abschneiden. Die Masse in die Peperoni spritzen. Die gefüllten Peperoni jeweils mit einer Scheibe Frühstücksspeck umwickeln (knebeln). Je 2 der geknebelten Peperoni so auf 2 Spieße stecken, dass der Speck mit fixiert wird.

05 Die Spieße auf den Grillrost (gefettet) des heißen Grills legen und unter regelmäßigem Wenden etwa 8 Minuten grillen. Zum Servieren die geknebelten Peperoni von den Spießen ziehen.

Tipps: Gleich eine größere Menge Bambusspieße wässern und einfrieren. Dann können Sie die Spieße je nach Bedarf herausnehmen und mit dem entsprechenden Grillgut bestücken.

Pro Stück: E: 8 g, F: 9 g, Kh: 2 g, kJ: 516, kcal: 123, BE: 0,5

Tipps zum Vorbereiten

* Die Spieße und die Tomaten können Sie 3–4 Stunden vor dem Grillen vorbereiten. Die Fischspieße dann zugedeckt in der Marinade im Kühlschrank durchziehen lassen. Die Tomaten mit der Bröselmasse ebenfalls zugedeckt in den Kühlschrank stellen.

Fisch-Duett am Spieß

Mediterran inspiriert

Zubereitungszeit: 1 Stunde
Marinierzeit: etwa 20 Minuten
Grillzeit: etwa 20 Minuten
12 Portionen (12 Spieße)

1 kg Zanderfilet mit Haut
1 kg Saiblingsfilet mit Haut
2 Bund Dill
1 Zitrone
gem. Pfeffer
400 ml trockener Weißwein

Für die provenzalischen Tomaten:
12 kleine Fleischtomaten
4 Knoblauchzehen
1 Bund gemischte Kräuter (Rosmarin, Thymian, Majoran)
80 g Semmelbrösel
4 EL Olivenöl
Salz

Außerdem:
12 Grillspieße (z. B. Bambusspieße etwa 20 cm, über Nacht in Wasser eingelegt, oder Metallspieße)
Grillschalen

01 Zander- und Saiblingsfilets unter fließendem kalten Wasser abspülen und gut mit Küchenpapier trocken tupfen. Fischfilets je Sorte in 12 Stücke (je etwa 80 g) teilen. Die Fischstücke abwechselnd auf die Spieße stecken und in eine flache Schale legen.

02 Dill abspülen, trocken tupfen und die Spitzen abschneiden, die Spitzen fein schneiden. Zitrone halbieren und auspressen.

03 Die Fischspieße mit Pfeffer und Dill bestreuen, mit dem Zitronensaft beträufeln. Die Spieße mit dem Wein begießen und zugedeckt im Kühlschrank etwa 20 Minuten marinieren.

04 Für die provenzalischen Tomaten in der Zwischenzeit die Tomaten abspülen, abtropfen lassen und die Stängelansätze herausschneiden. Die Tomaten waagerecht halbieren. Die Tomatenhälften nebeneinander in Grillschalen (gefettet) setzen.

05 Knoblauch abziehen und durch eine Knoblauchpresse drücken. Die Kräuter abspülen, trocken tupfen und die Blättchen bzw. Nadeln von den Stängeln zupfen. Die Blättchen und Nadeln fein schneiden.

06 Die Semmelbrösel mit dem Knoblauch, den Kräutern und dem Olivenöl vermischen. Die Semmelbröselmasse mit Salz würzen und auf den halbierten Tomaten verteilen. Die Grillschalen locker mit Alufolie zudecken.

07 Die Fischspieße aus der Marinade nehmen, etwas abtropfen lassen, mit Salz würzen und in Grillschalen (gefettet) legen.

08 Die Grillschalen mit den Spießen und den Tomaten auf den Grillrost des heißen Grills stellen. Die Spieße und die Tomaten etwa 20 Minuten grillen, dabei die Spieße einmal wenden.

Pro Portion: E: 34 g, F: 9 g, Kh: 9 g, kJ: 1076, kcal: 256, BE: 0,5

Tipps zum Vorbereiten

* Der Grillkäse in Bacon eignet sich gut für eine spontane Grillparty, da er schnell zubereitet ist, wie auch zum Vorbereiten. So können Sie die Käsepäckchen auch schon 4–6 Stunden vor dem Grillen vorbereiten und zugedeckt in den Kühlschrank stellen.

Grillkäse in Knusperbacon

Blitzschnell gemacht

Zubereitungszeit: 20 Minuten
Grillzeit: 10–12 Minuten
12 Portionen

je 3 Stängel Thymian, Rosmarin und Salbei
24 Scheiben Frühstücksspeck (Bacon)
12 Stück Grillkäse (je 100 g)
gem. Pfeffer
evtl. etwas Knoblauch- oder Paprikaöl

Außerdem:
Grillschalen

01 Die Kräuter abspülen, trocken tupfen und die Blätter bzw. Nadeln abzupfen.

02 Je 2 Scheiben Frühstücksspeck nebeneinander auf die Arbeitsfläche legen und mit den Kräuterblättchen und Rosmarinnadeln belegen. Jeweils ein Stück Grillkäse darauflegen und fest in den Frühstücksspeck einwickeln.

03 Den Grillkäse in einer Grillschale (gefettet) auf den Grill gestellt bei nicht zu starker Hitze 10–12 Minuten grillen, bis der Bacon schön knusprig ist. Das Ganze mit Pfeffer würzen.

04 Evtl. den Grillkäse zum Servieren mit etwas Knoblauch- oder Paprikaöl bestreichen.

Beilagen-Tipp: Zum Grillkäse schwarze Oliven und Sesambrot reichen oder einen **Rucolasalat mit Tomaten**. Dafür 120 g Pinienkerne in einer Pfanne ohne Fett goldbraun rösten und erkalten lassen. Etwa 375 g Rucola (Rauke) verlesen, dicke Stängel abschneiden. Rucola abspülen, trocken schleudern und größere Blätter einmal durchschneiden. 600 g Cocktailtomaten abspülen, abtrocknen, halbieren oder vierteln. Für die Sauce 6 Esslöffel Balsamico-Essig mit 1 Teelöffel Honig, Salz und Pfeffer verrühren. 10 Esslöffel Olivenöl unterschlagen. Rucola auf einer großen Platte anrichten. Tomaten darauf verteilen, mit der Salatsauce beträufeln. Pinienkerne darüberstreuen.

Pro Portion: E: 22 g, F: 31 g, Kh: 17 g, kJ: 1825, kcal: 437, BE: 1,5

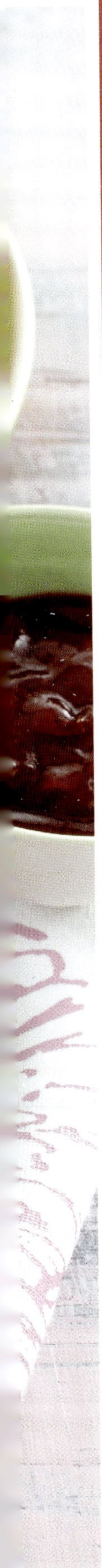

Tipps zum Vorbereiten

* Die Hähnchenbrustfilets bis einschließlich Punkt 4 am Vortag vorbereiten und zugedeckt in den Kühlschrank stellen.

Hähnchenfilets mit Zitronengarnelen und Ananas

Fruchtig-pikant

Zubereitungszeit: 40 Minuten
Grillzeit: etwa 30 Minuten
12 Portionen

12 Hähnchenbrustfilets (je etwa 140 g)
200 g Garnelen (geschält, entdarmt)
1 Zitrone
Salz
gem. Pfeffer
etwa 200 ml Speiseöl, z. B. Rapsöl

etwa 1 kg frisches Ananasfruchtfleisch (ohne Strunk und Schale)

Außerdem:
12 Rouladennadeln

01 Die Hähnchenbrustfilets und die Garnelen unter fließendem kalten Wasser abspülen, mit Küchenpapier trocken tupfen. In die Hähnchenbrustfilets jeweils eine längliche Tasche einschneiden.

02 Die Zitrone halbieren und den Saft auspressen. Garnelen mit Salz, Pfeffer und Zitronensaft würzen.

03 Je 2 Garnelen in die Taschen der Hähnchenbrustfilets legen. Die Filets zusammenklappen, jeweils mit einer Rouladennadel feststecken.

04 Die gefüllten Filets mit Pfeffer würzen und rundherum mit Speiseöl einstreichen.

05 Das Ananasfruchtfleisch in 12 gleich große Scheiben schneiden und diese halbieren.

06 Die vorbereiteten Hähnchenbrustfilets mit Salz würzen, auf den Grillrost (gefettet) des heißen Grills legen und diese etwa 30 Minuten bei nicht zu starker Hitze grillen. Nach der Hälfte der Grillzeit die Filets wenden und die Ananasscheiben mitgrillen.

Tipps: Die gefüllten Hähnchenbrustfilets mit Minze- oder Zitronenmelisseblättchen garniert servieren. Sie können die gefüllten Filets und die Ananasscheiben zum Grillen auch in Grillschalen (gefettet) legen.

Beilagen-Tipp: Dazu eine BBQ-Sauce servieren.

Pro Portion: E: 36 g, F: 4 g, Kh: 11 g, kJ: 958, kcal: 229, BE: 1,0

Tipps zum Vorbereiten

* Die Rippchen schon am Vortag kochen, abkühlen lassen und zugedeckt im Kühlschrank aufbewahren. Die Rippchen am nächsten Tag etwa 1 Stunde vor dem Grillen aus dem Kühlschrank nehmen.

* Auch die Barbecue-Sauce lässt sich gut einige Tage im Voraus zubereiten. Die Sauce dann in verschließbare Gläser oder Flaschen füllen und in den Kühlschrank stellen.

Spareribs

Besonders bei Männern beliebt

Zubereitungszeit: 80 Minuten
Garzeit: 45–60 Minuten
Grillzeit: etwa 20 Minuten
12 Portionen

2–3 Zwiebeln
3 Bund Suppengrün (Möhre, Sellerie, Porree)
25 Pfefferkörner
8 Lorbeerblätter
Salz
etwa 5 ½ kg dünne Schweinerippchen (Schälrippchen)
etwa 1 l Barbecue-Sauce

01 Zwiebeln abziehen und halbieren. Suppengrün putzen, schälen, abspülen, abtropfen lassen und in grobe Stücke schneiden.

02 Wasser in 2 großen Töpfen zum Kochen bringen. Zwiebelhälften, Suppengrün, Pfefferkörner, Lorbeerblätter und etwas Salz hinzufügen. Das Ganze wieder zum Kochen bringen.

03 Schweinerippchen in Portionsstücke teilen, unter fließendem kalten Wasser abspülen und in das kochende Wasser geben. Darauf achten, dass die Rippchen vollständig mit Wasser bedeckt sind. Die Rippchen 45–60 Minuten zugedeckt bei schwacher Hitze kochen lassen. Die Rippchen sind gar, wenn sich das Fleisch leicht vom Knochen löst.

04 Die Rippchen mit einer Schaumkelle aus der Brühe nehmen und abtropfen lassen. Die Rippchen auf den Grillrost (gefettet) des heißen Grills legen, etwa 20 Minuten grillen, dabei die Rippchen mehrmals wenden, damit sie nicht zu dunkel werden.

05 Die Rippchen vom Grill nehmen, mit der Barbecue-Sauce bestreichen und sofort servieren.

Tipps: Für eine **schnelle selbst gemachte BBQ-Sauce** benötigen Sie: 3 gewürfelte Zwiebeln, etwa 800 ml Tomatenketchup, 1 ½ Esslöffel Sambal Oelek, 1 ½ Kaffeepott starken Espresso und 3 Handvoll geschnittene Petersilie. Alles in einen großen Rührbecher geben und pürieren. Servieren Sie die Spareribs nach Belieben mit kleinen Rosmarinzweigen garniert.

Rezeptvariante: Probieren Sie **Spareribs mit Mango-Curry-Sauce** statt mit der klassischen Barbecue-Sauce. Verrühren Sie dazu etwa 275 g Mango-Chutney mit 200 g Currypaste und etwa 200 ml Olivenöl. Bestreichen Sie die gekochten, abgekühlten Rippchen mit der Mango-Curry-Sauce und lassen Sie diese zugedeckt im Kühlschrank durchziehen.

Pro Portion: E: 42 g, F: 19 g, Kh: 22 g, kJ: 1802, kcal: 430, BE: 1,5

Tipps zum Vorbereiten

* Die Fischpäckchen können etwa 2 Stunden vor dem Grillen vorbereitet werden. Die Päckchen in den Kühlschrank legen.

Kabeljaupäckchen

Schnell gemacht – mit Alkohol

Zubereitungszeit: 40 Minuten
Grillzeit: etwa 30 Minuten
12 Portionen

2,4 kg Kabeljaufilet
600 g kleine Champignons
12 Tomaten (etwa 600 g)
1 Bund Zitronenverbene (oder Zitronenmelisse)
2 Limetten
200 ml Wermut
Salz
gem. Pfeffer
etwa 120 ml Olivenöl

Außerdem:
12 Bögen Backpapier
12 Bögen Alufolie

01 Kabeljaufilet unter fließendem kalten Wasser abspülen und trocken tupfen. Das Filet in 24 gleich große Scheiben (je 100 g) schneiden und evtl. noch vorhandene Gräten entfernen. Jeweils einen Bogen Backpapier auf einen Bogen Alufolie legen. Je 2 Fischfiletscheiben daraufsetzen.

02 Die Champignons putzen. Die Tomaten abspülen, abtrocknen und in Würfel schneiden, dabei die Stängelansätze herausschneiden. Champignons und Tomatenstücke auf den Fischfilets verteilen.

03 Zitronenverbene abspülen, trocken tupfen und die Blättchen von den Stängeln zupfen. Die Blättchen fein schneiden. Limetten halbieren und den Saft auspressen. Limettensaft mit Wermut und Zitronenverbene verrühren, mit Salz und Pfeffer würzen. Die Filets zuerst mit der Limetten-Wermut-Mischung und dann mit dem Olivenöl beträufeln.

04 Zuerst das Backpapier, dann die Alufolie fest verschließen, sodass kleine Päckchen entstehen. Die Fischpäckchen auf den Grillrost des heißen Grills setzen und etwa 30 Minuten grillen.

Beilagen-Tipp: Servieren Sie dazu einen **Gurkensalat in Pfefferminzsahne.** Dafür 2 ¼ kg Bio-Gurken abspülen und abtrocknen. Die Enden abschneiden. Die Gurken in feine Scheiben schneiden oder hobeln. Für die Sauce 2 Zwiebeln abziehen und fein würfeln. 200 g Sahne mit 150 g Schmand, 2 Teelöffeln Honig, 2 Esslöffeln Essig, Salz und Pfeffer verrühren. 4–6 Esslöffel gehackte Pfefferminzblättchen unterrühren. Die Gurkenscheiben mit der Pfefferminzsahne vermischen, kurz ziehen lassen und den Salat nochmals abschmecken.

Pro Portion: E: 38 g, F: 12 g, Kh: 3 g, kJ: 1188, kcal: 284, BE: 0,0

Tipps zum Vorbereiten

* Die Steaks können Sie 4–5 Stunden vor dem Grillen einlegen und im Kühlschrank durchziehen lassen.

* Auch die Salsa kann dann schon zubereitet werden und ebenfalls zugedeckt im Kühlschrank stehen.

Rindersteaks mit Ananas-Salsa

Etwas teurer

Zubereitungszeit: 80 Minuten
Marinierzeit: etwa 1 Stunde
Grillzeit: 16–20 Minuten
12 Portionen

12 Rinderfiletsteaks (je etwa 180 g)
6 Knoblauchzehen
etwa 180 ml Olivenöl
60–75 ml Zitronensaft
grob gem. Pfeffer

Für die Ananas-Salsa:
300 g abgetropfte Ananasscheiben (aus der Dose)
6 EL Ananassaft (aus der Dose)
2 rote Zwiebeln
1 ½ TL rosa Pfefferbeeren
1 ½ TL grüne Pfefferkörner
275 g Tomatenketchup
95 g Ajvar (mild, aus dem Glas)

Salz

01 Die Steaks mit Küchenpapier trocken tupfen. Knoblauch abziehen und durch eine Knoblauchpresse drücken. Olivenöl mit Zitronensaft, Knoblauch und Pfeffer verschlagen. Die Steaks in eine flache Schale legen und mit der Marinade begießen. Die Steaks zugedeckt im Kühlschrank etwa 1 Stunde marinieren. Dabei die Steaks gelegentlich wenden.

02 Für die Ananas-Salsa von den Ananasscheiben den Saft auffangen und 6 Esslöffel vom Saft abmessen. Die Zwiebeln abziehen und fein würfeln. Die Ananasscheiben in kleine Stücke schneiden.

03 Zwiebelwürfel und Ananasstücke in eine Schüssel geben, mit Pfefferbeeren, Pfefferkörnern, Ketchup, Ajvar und dem abgemessenen Ananassaft verrühren.

04 Die Steaks abtropfen lassen und auf den Grillrost (gefettet) des heißen Grills legen. Die Steaks von jeder Seite 8–10 Minuten grillen, dabei gelegentlich mit der Marinade bestreichen. Die Steaks zum Schluss mit Salz bestreuen.

Tipps: Die Entscheidung, ob Sie Holzkohle oder Grillbriketts verwenden, liegt bei Ihnen. Holzkohle glüht schneller vor und entwickelt schneller größere Hitze. Grillbriketts hingegen haben eine längere Vorglühphase, halten aber die Glut und damit die Hitze länger.

Beilagen-Tipp: Kartoffelecken aus dem Backofen.

Pro Portion: E: 39 g, F: 10 g, Kh: 11 g, kJ: 1229, kcal: 293, BE: 1,0

Tipps zum Vorbereiten

* Da die Fischburger durchkühlen sollen, sind sie ideal zum Vorbereiten. Die Wasabicreme können Sie am Vortag zubereiten und zugedeckt in den Kühlschrank stellen.

Fischburger mit Wasabicreme

Etwas teuer

Zubereitungszeit: 60 Minuten
Kühlzeit: 1–2 Stunden
Grillzeit: 8–10 Minuten
12 Portionen

Für die Fischburger:
1 Bund Dill
3 rote Zwiebeln
etwa 2 ¼ kg Lachsfilet (ohne Haut und Gräten, in 2–3 cm große Würfel geschnitten)
9 Eiweiß (Größe M)
6 EL Fischsauce (aus dem Asialaden)
3 TL Salz
1 TL Chiliflocken
10–12 EL Semmelbrösel

Für die Wasabicreme:
3 Bio-Limetten (unbehandelt, ungewachst)
600 g Salatmayonnaise
etwa 120 g Wasabipaste (aus der Tube)
3 EL flüssiger Honig

1 Eisbergsalat
12 Hamburger-Brötchen oder Kaisersemmeln (runde Brötchen)

440 g abgetropfte Rote-Bete-Scheiben (aus dem Glas)
12 TL geröstete Zwiebeln

01 Für die Fischburger Dill abspülen und trocken tupfen. Die Spitzen von den Stängeln zupfen und fein schneiden. Die Zwiebeln abziehen und fein würfeln.

02 Die Lachswürfel mit einem Fleischwolf (gröbste Scheibe) portionsweise grob zerkleinern. Die Eiweiße mit einem Mixer (Rührstäbe) in etwa 2 Minuten anschlagen. Lachs, angeschlagenes Eiweiß, Fischsauce, Salz und Chiliflocken in die Rührschüssel einer Küchenmaschine geben und alles kurz vermengen (Achtung: Die Masse soll dabei nicht zu Püree werden).

03 Die Rührschüssel von der Küchenmaschine nehmen. Zwiebelwürfel, Dill und Semmelbrösel unter die Fischmasse ziehen, dabei so viele Semmelbrösel untermischen, dass eine formbare Masse entsteht. Die Masse evtl. mit Salz würzen, daraus 12 Burger (etwa 2 cm dick und 9–10 cm im Durchmesser) formen. Die Burger auf ein Blech (gefettet) oder ein Tablett (gefettet) legen und zugedeckt 1–2 Stunden in den Kühlschrank stellen.

04 Für die Wasabicreme die Limetten heiß abwaschen, abtrocknen und die Schale fein abreiben. Limetten halbieren und auspressen. Mayonnaise mit Limettenschale, -saft, Wasabi und Honig glatt rühren.

05 Den Eisbergsalat putzen, abspülen, abtropfen lassen und die Blätter abzupfen. Die Blätter etwas kleiner schneiden. Die Brötchen waagerecht halbieren.

06 Die Burger auf den Grillrost (gefettet) des heißen Grills legen und bei nicht zu starker Hitze von jeder Seite 3–4 Minuten grillen. Die Brötchenhälften kurz vor dem Ende der Fischburger-Grillzeit mit auf dem Grill anrösten.

07 Die Brötchenhälften mit der Wasabicreme bestreichen. Auf die unteren Brötchenhälften den geschnittenen Salat geben. Fischburger und Rote-Bete-Scheiben darauf anrichten, mit gerösteten Zwiebeln bestreuen und die oberen Brötchenhälften darauflegen.

Tipp: Die Fischburger in Grillschalen (gefettet) grillen.

Pro Portion: E: 47 g, F: 54 g, Kh: 50 g, kJ: 3679, kcal: 879, BE: 4,0

Tipps zum Vorbereiten

* Die Spieße können Sie einige Stunden oder am Vortag wie bis einschließlich Punkt 4 beschrieben vorbereiten und zugedeckt in den Kühlschrank stellen.

* Auch das Pesto lässt sich bereits am Vortag zubereiten. Das Pesto dann in einem verschließbaren Glas im Kühlschrank aufbewahren.

Wammerl-Kartoffel-Spieße

Für die Wintergrillparty

Zubereitungszeit: 1 Stunde, ohne Abkühlzeit
Marinierzeit: etwa 1 Stunde
Grillzeit: etwa 30 Minuten
12 Portionen (12 Spieße)

450 g festkochende Kartoffeln (möglichst gleich groß)
1 ½ TL Salz

etwa 1 ¼ kg Wammerl (durchwachsener Schweinebauch, 8 Scheiben zu je 100 g)
1 Topf Majoran
3 EL Olivenöl
gem. Pfeffer

Für das Pesto:
150 g Feldsalat
3 Knoblauchzehen
75 g gem. Walnusskerne
etwa 40 g ger. Parmesan
etwa 110 ml Olivenöl

Außerdem:
12 Grillspieße (z. B. Bambusspieße etwa 25 cm, über Nacht in Wasser eingelegt, oder Metallspieße)

01 Die Kartoffeln gründlich waschen bzw. abbürsten und längs halbieren. Die Kartoffeln knapp mit Wasser bedeckt in einem Topf zugedeckt zum Kochen bringen. Das Salz hinzugeben und die Kartoffelhälften in etwa 10 Minuten halb gar kochen. Dann die Kartoffeln abgießen, abtropfen und erkalten lassen.

02 Die Schweinebauchscheiben mit Küchenpapier trocken tupfen und in je 3 gleich große Stücke schneiden.

03 Majoran abspülen, trocken tupfen, die Blättchen von den Stängeln zupfen und die Blättchen fein hacken. Majoran mit dem Olivenöl vermischen.

04 Jeweils etwa 3 Fleischstücke und 2 Kartoffelhälften abwechselnd auf die Spieße stecken. Die Spieße in eine Schale legen, mit dem Majoranöl bestreichen und mit Pfeffer bestreuen. Die Spieße zugedeckt etwa 1 Stunde im Kühlschrank marinieren.

05 Für das Pesto Feldsalat verlesen, die Wurzelenden vom Feldsalat abzupfen. Salat waschen, in einem Sieb gut abtropfen lassen oder in einer Salatschleuder trocken schleudern.

06 Die Knoblauchzehen abziehen, mit dem vorbereiteten Feldsalat in einen hohen Rührbecher geben und pürieren. Gemahlene Walnusskerne, Parmesan und Olivenöl unterschlagen. Das Pesto mit Salz und Pfeffer abschmecken.

07 Die marinierten Spieße abtropfen lassen, mit Salz würzen, auf den Grillrost (gefettet) des heißen Grills legen, etwa 30 Minuten grillen, dabei die Spieße mehrmals wenden, damit sie nicht zu dunkel werden.

08 Die Spieße zum Servieren mit dem Pesto bestreichen oder das Pesto dazuservieren.

Beilagen-Tipp: Dazu einen gemischten Salat reichen.

Pro Portion: E: 19 g, F: 46 g, Kh: 7 g, kJ: 2121, kcal: 506, BE: 0,5

Tipps zum Vorbereiten

* Die Fleischmedaillons können Sie einige Stunden oder am Vortag wie in Punkt 2 beschrieben vorbereiten und zugedeckt in den Kühlschrank stellen.

Straußenmedaillons mit Maispfannkuchen

Mal etwas anderes

Zubereitungszeit: 45 Minuten
Teigruhezeit: etwa 15 Minuten
Grillzeit: 30–40 Minuten
12 Portionen

Für die Maispfannkuchen:
480 g Weizenmehl
2 Eier (Größe M)
600 ml Milch (1,5 % Fett)
Salz
ger. Muskatnuss
570 g abgetropfter Gemüsemais (aus Dosen)

etwa 2 kg Straußenfleisch (z. B. aus der Keule)
36 Scheiben ungeräucherter, frischer Speck (etwa 760 g)
Salz
etwa 150 ml Speiseöl, z. B. Rapsöl
grob geschroteter, bunter Pfeffer

Außerdem:
Küchengarn
Grillschalen ohne Löcher

01 Für die Maispfannkuchen das Mehl mit den Eiern und der Milch mit einem Mixer (Rührstäbe) zu einem glatten Teig verrühren. Den Teig mit Salz und Muskat würzen, den Gemüsemais unterrühren. Den Teig zugedeckt etwa 15 Minuten ruhen lassen.

02 Inzwischen das Fleisch unter fließendem kalten Wasser abspülen und mit Küchenpapier trocken tupfen. Das Fleisch in 36 kleine Medaillons (je 50–60 g) schneiden. Jedes Medaillon mit einer Scheibe Speck umwickeln und diese mit Küchengarn festbinden.

03 Den Teig für die Maispfannkuchen portionsweise in die Grillschalen (gefettet) geben. Dabei für jedes Pfannküchlein einen Esslöffel vom Teig mit etwas Abstand in die Grillschalen setzen.

04 Die Grillschalen auf den Grillrost des heißen Grills stellen. Die Maispfannkuchen 30–40 Minuten grillen, dabei die Pfannküchlein einmal wenden.

05 Die Straußenmedaillons mit etwas Salz bestreuen, mit dem Speiseöl einstreichen und nach dem Wenden der Maispfannkuchen mit auf den Grillrost (gefettet) legen. Die Medaillons etwa 20 Minuten grillen, dabei nach der Hälfte der Grillzeit wenden.

06 Die Straußenmedaillons zum Servieren mit dem Pfeffer bestreuen und mit den warmen Maispfannkuchen reichen.

Tipps: Etwas preiswerter wird es, wenn Sie statt Straußenfleisch Schweinefilet verwenden. Das Schweinefilet vor dem Verarbeiten entfetten und entsehnen.

Beilagen-Tipp: Zu den Straußenmedaillons mit Maispfannkuchen eine BBQ-Sauce oder fruchtig-pikante Salsa reichen.

Pro Portion: E: 63 g, F: 30 g, Kh: 38 g, kJ: 2821, kcal: 699, BE: 3,0

Tipps zum Vorbereiten

* Bereits 4–5 Stunden vor dem Grillen können Sie die Hähnchenflügel mit dem Rub einreiben und dann zugedeckt im Kühlschrank durchziehen lassen.

Hähnchenflügel mit Orangen-Espresso-Rub

Kleine Knabberei

Zubereitungszeit: 50 Minuten
Marinierzeit: etwa 1 Stunde
Grillzeit: etwa 20 Minuten
12 Portionen

2 ¼ kg Hähnchenflügel
2–3 Pck. Dr. Oetker Finesse Orangenschalen-Aroma
2 ½ TL geschroteter schwarzer Pfeffer
5 TL brauner Zucker
2 ½ TL Instant-Espressopulver
1 ½ TL gerebelter Thymian
1 ½ TL gerebelte Petersilie

Salz

Außerdem:
Grillschalen

01 Die Hähnchenflügel unter fließendem kalten Wasser abspülen und mit Küchenpapier trocken tupfen. Die Flügel im Gelenk durchtrennen.

02 Orangenschalen-Aroma mit Pfeffer, Zucker, Espressopulver, Thymian und Petersilie vermischen. Die Hähnchenflügel mit der Gewürzmischung einreiben. Die Hähnchenflügel zugedeckt etwa 1 Stunde im Kühlschrank durchziehen lassen.

03 Die Hähnchenflügel mit Salz würzen und in die Grillschalen (gefettet) legen. Die Grillschalen auf den Grillrost des heißen Grills stellen. Die Hähnchenflügel etwa 20 Minuten grillen, dabei zwischendurch wenden.

Beilagen-Tipp: Zu den Hähnchenflügeln geröstete Brotscheiben mit **Bohnencreme** reichen. Für die Bohnencreme 500 g abgetropfte weiße Bohnen (aus dem Glas) mit 10 Esslöffeln Sojasauce, 4 Esslöffeln Olivenöl und 2 Esslöffeln Weißweinessig pürieren. 4 enthäutete, gewürfelte Tomaten mit einer Handvoll fein geschnittenen Basilikumblättern unter das Bohnenpüree mischen. Die Bohnencreme mit Pfeffer abschmecken.

Pro Portion: E: 19 g, F: 19 g, Kh: 4 g, kJ: 1081, kcal: 258, BE: 0,5

Tipps zum Vorbereiten

* Die grüne Sauce können Sie vorbereiten und in ein verschließbares Glas oder eine Flasche füllen. Sie hält sich im Kühlschrank etwa 1 Woche.

* Die Sardinen können Sie wie in Punkt 3 beschrieben 2–3 Stunden vor dem Grillen vorbereiten und zugedeckt in den Kühlschrank stellen.

Sardinen mit Papas Arrugadas und grüner Sauce

Weckt Urlaubserinnerungen

Zubereitungszeit: 1 Stunde
Grillzeit: 6–10 Minuten
12 Portionen

Für die grüne Sauce:
3 Bund glatte Petersilie
3 Bund Koriander
3 Knoblauchzehen
Salz
gem. Pfeffer
½ TL gem. Kreuzkümmel
450 ml Olivenöl

Für die Papas Arrugadas (Pellkartoffeln mit Salzkruste):
3 kg kleine, gleich große festkochende Kartoffeln
etwa 350 g Salz

3 kg küchenfertig vorbereitete Sardinen
etwa 6 EL mediterrane Gewürzmischung oder ital. Kräuter
etwas Olivenöl zum Einstreichen

Außerdem:
Grillschalen

01 Für die grüne Sauce Petersilie und Koriander abspülen, trocken tupfen und die Blättchen von den Stängeln zupfen. Knoblauch abziehen und hacken. Kräuterblättchen, Knoblauch, Salz, Pfeffer, Kreuzkümmel und Olivenöl in einen hohen Rührbecher geben und zu einer Sauce pürieren.

02 Die Kartoffeln gründlich waschen und in einen großen Topf geben. Das Salz zu den Kartoffeln geben und untermischen. Die Kartoffeln knapp mit Wasser bedeckt zum Kochen bringen. Die Kartoffeln zugedeckt in 20–25 Minuten gar kochen und abgießen. Die Kartoffeln im offenen Topf unter häufigem Schütteln abdämpfen lassen, bis sich die typische Salzkruste bildet. Die Kartoffeln warm halten.

03 Inzwischen die küchenfertigen Sardinen unter fließendem kalten Wasser innen und außen abspülen und trocken tupfen. Die Sardinen innen mit Salz und der Gewürzmischung würzen.

04 Die Sardinen großzügig mit Olivenöl bestreichen und in Grillschalen legen. Die Grillschalen auf den Grillrost des heißen Grills stellen. Die Sardinen 3–5 Minuten je Seite grillen, vor dem Servieren mit Salz und Pfeffer würzen.

Tipps: Koriander zählt nicht zu Ihren Lieblingskräutern? Dann verwenden Sie stattdessen Basilikum. Papas Arrugadas sind Pellkartoffeln mit Salzkruste, wie man sie z. B. aus dem Mittelmeerraum kennt. Statt normalem Salz können Sie grobkörnigeres Meersalz verwenden.

Pro Portion: E: 55 g, F: 52 g, Kh: 41 g, kJ: 3562, kcal: 850, BE: 3,5

Tipps zum Vorbereiten

* Die Lammkoteletts können auch etwas länger in der Zitronenmarinade durchziehen. Bereits am Vorabend eingelegt, schmecken sie Ihren Gästen besonders gut.

Lammkoteletts in Zitronenmarinade

Etwas teurer, aber einfach lecker

Zubereitungszeit: 1 Stunde
Marinierzeit: 1–2 Stunden
Grillzeit: etwa 12 Minuten
12 Portionen

48 Lammkoteletts (aus der Krone)
6 Knoblauchzehen
2 Bio-Zitronen (unbehandelt, ungewachst) oder 1 Pck. Dr. Oetker Finesse Geriebene Zitronenschale

etwa 120 ml Olivenöl

Außerdem:
Grillschalen

01 Die Lammkoteletts unter fließendem kalten Wasser abspülen, trocken tupfen und in eine flache Schale oder Auflaufform legen.

02 Die Knoblauchzehen abziehen und durch eine Knoblauchpresse drücken oder sehr fein hacken. Die Zitronen heiß abwaschen, abtrocknen und die Schale fein abreiben. Die Zitronen halbieren, den Saft auspressen und 6 Esslöffel davon abmessen.

03 Knoblauch mit Olivenöl, abgemessenem Zitronensaft und -schale gut verrühren. Die Lammkoteletts mit der Zitronenmarinade bestreichen, zugedeckt im Kühlschrank 1–2 Stunden marinieren.

04 Die Lammkoteletts in Grillschalen (gefettet) legen. Die Grillschalen auf den Grillrost des heißen Grills stellen. Die Lammkoteletts unter Wenden insgesamt etwa 12 Minuten grillen.

Tipps: Die Zitronenmarinade schmeckt auch mit anderen Fleisch- und Fischsorten. Sie eignet sich gut für Lammkarrees, -filets, für Fischfilets, Hähnchenbrust- oder Putenbrustfilets.

Beilagen-Tipp: Lecker dazu ist selbst gemachter Zaziki. Das Zaziki-Rezept finden Sie auf Seite 139.

Pro Portion: E: 31 g, F: 21 g, Kh: 1 g, kJ: 1331, kcal: 318, BE: 0,0

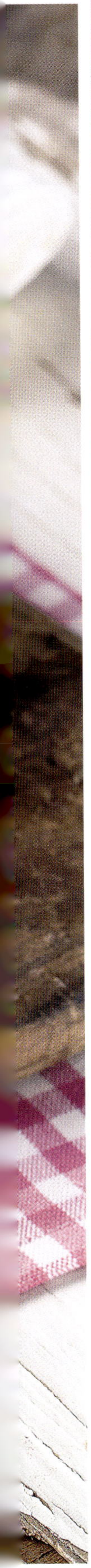

Tipps zum Vorbereiten

* Tomaten und Rucola können Sie 2–3 Stunden vor dem Grillen vorbereiten. Die Tomatenscheiben in ein verschließbares Kunststoffgefäß mit Abtropfgitter legen. Den Rucola in einen großen Plastikbeutel geben. Etwas Luft hineinblasen, den Beutel fest verschließen. Tomatenscheiben und Rucola kühl gestellt aufbewahren.

Gegrillte Focaccia-Brote

Einfach zu machen

Zubereitungszeit: 40 Minuten
12 Stück

12 große Tomaten
etwa 450 g Rucola (Rauke)

12 kleine, runde Focaccia-Brote (je etwa 120 g, aus dem Supermarkt)

etwa 120 g rotes Pesto
etwa 150 g Salatmayonnaise (oder 200 g Frischkäse)
12 Scheiben Provolone (italienischer Schnittkäse) oder Gouda
12 große, dünne Scheiben Kochschinken

Salz
gem. Pfeffer

01 Die Tomaten abspülen, abtrocknen, halbieren und die Stängelansätze herausschneiden. Die Tomaten in dünne Scheiben schneiden. Rucola verlesen und dicke Stängel abschneiden. Rucola abspülen, in einem Küchentuch oder einer Salatschleuder trocken schleudern. Rucola evtl. etwas kleiner zupfen.

02 Die Brote am Rand auf den Grillrost (gefettet) des heißen Grills legen. Dabei sollte der Grillrost so hoch wie möglich über der Glut eingelegt sein. Die Brote von beiden Seiten anrösten.

03 Die gegrillten Brote jeweils halbieren und aufschneiden. Die Unterhälften mit Pesto, die Oberhälften mit Mayonnaise oder Frischkäse bestreichen.

04 Die Unterhälften jeweils mit einer Scheibe Käse und Schinken, den Tomatenscheiben (diese mit etwas Salz und Pfeffer bestreuen) und dem Rucola belegen. Die Oberhälften daraufsetzen und die Focaccia-Brote genießen.

Tipps: Wenn Sie keine Focaccia-Brote bekommen, dann lassen sich auch Sandwich-Toast- oder Pide-Taschen mit den Zutaten füllen. Die Brottaschen wie im Rezept beschrieben von beiden Seiten anrösten und füllen.

Pro Stück: E: 32 g, F: 22 g, Kh: 63 g, kJ: 2455, kcal: 586, BE: 5,0

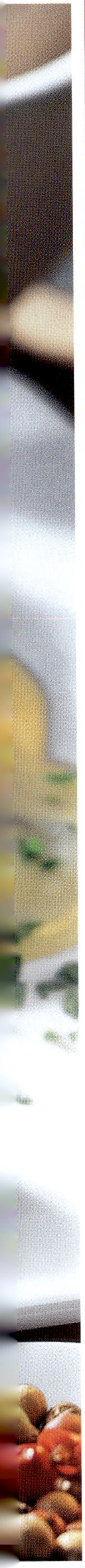

Tipps zum Vorbereiten

* Bis einschließlich Punkt 4 können Sie den Viktoriabarsch im Zucchinimantel 4–5 Stunden vor dem Grillen vorbereiten und zugedeckt in den Kühlschrank stellen. Dann die Fischpäckchen erst nach dem Grillen salzen.

Viktoriabarsch im Zucchinimantel

Klein, aber fein

Zubereitungszeit: 50 Minuten
Grillzeit: 12–16 Minuten
12 Portionen

4 mittelgroße Zucchini
Salzwasser

etwa 1,2 kg Viktoriabarschfilet
Salz
gem. Pfeffer
etwas Zitronensaft
etwas Olivenöl zum Einstreichen

Außerdem:
evtl. Holzspießchen (in Wasser eingelegt)

01 Die Zucchini abspülen, abtrocknen und die Enden abschneiden. Die Zucchini der Länge nach in dünne Scheiben schneiden.

02 Das Salzwasser in einem Topf zum Kochen bringen und die Zucchinischeiben darin portionsweise jeweils etwa 2 Minuten blanchieren. Anschließend die Scheiben in ein Sieb geben, mit kaltem Wasser abschrecken und abtropfen lassen.

03 Viktoriabarschfilets unter fließendem kalten Wasser abspülen und trocken tupfen. Fischfilets in 12 etwa gleich große Stücke schneiden, mit Salz, Pfeffer und Zitronensaft würzen.

04 Die Fischfilets in je 2–3 Zucchinischeiben einschlagen und diese evtl. mit Holzspießchen feststecken.

05 Die Zucchini-Fischpäckchen mit Olivenöl einstreichen, auf den Grillrost (gefettet) des heißen Grills legen und von beiden Seiten je 6–8 Minuten grillen.

Tipp: Viktoriabarsch im Zucchinimantel evtl. in Grillschalen (dünn mit Speiseöl bestrichen) grillen.

Beilagen-Tipp: Dazu einen grünen Salat und Aioli (Knoblauchmayonnaise) servieren.

Pro Portion: E: 21 g, F: 5 g, Kh: 1 g, kJ: 561, kcal: 134, BE: 0,0

Tipps zum Vorbereiten

* Die Burger können Sie etwa 3 Stunden vor dem Grillen zubereiten und formen. Die vorbereiteten Burger zugedeckt in den Kühlschrank stellen.

Tatar-Burger

Klassiker mal anders

Zubereitungszeit: 45 Minuten
Grillzeit: etwa 30 Minuten
12 Portionen

3 Zwiebeln
6 abgetropfte Gewürzgurken (etwa 160 g)
60 g abgetropfte Kapern
1 ½ kg Tatar (Rinderhackfleisch, ohne Fett und Sehnenanteil)
100 ml Tomatenketchup
2 EL Worcester-Sauce
Salz
gem. Pfeffer

12 große Salatblätter
4 mittelgroße Tomaten
12 Hamburger Brötchen
12 TL Sandwichcreme oder Remoulade

Außerdem:
Grillschalen

01 Die Zwiebeln abziehen. Zwiebeln und Gewürzgurken in kleine Stücke schneiden und in einen hohen Rührbecher geben. Die Kapern hinzugeben und alles pürieren.

02 Tatar in eine große Schüssel geben. Zwiebel-Gurken-Kapern-Püree, Ketchup und Worcester-Sauce hinzugeben und untermengen. Die Masse mit Salz und Pfeffer würzen.

03 Aus der Hackmasse mit angefeuchteten Händen 12 flache Burger in Größe der Brötchen formen. Diese in die Grillschalen (gefettet) legen.

04 Die Salatblätter abspülen und trocken schleudern. Die Tomaten abspülen, abtrocknen lassen und in Scheiben schneiden.

05 Die Grillschalen auf den Grillrost des heißen Grills stellen. Die Burger etwa 30 Minuten grillen, dabei nach etwa der Hälfte der Grillzeit einmal wenden. Die Hamburger Brötchen waagerecht halbieren und kurz vor dem Ende der Burger-Grillzeit mit auf dem Grill anrösten.

06 Die unteren Brötchenhälften zuerst mit Sandwichcreme oder Remoulade bestreichen. Dann mit Salatblättern, Tomatenscheiben und den gegrillten Burgern belegen. Die oberen Brötchenhälften darauflegen und die Burger sofort servieren.

Tipp: Die Burger vor dem Grillen rundherum mit etwas Speiseöl einstreichen.

Beilagen-Tipp: Die Tatar-Burger zusätzlich mit Tomatenketchup, Senf oder Remoulade servieren.

Pro Portion: E: 32 g, F: 14 g, Kh: 30 g, kJ: 1570, kcal: 376, BE: 2,5

Vegetarisches vom Grill

Saisonales Gemüse zum Grillen gibt es zu jeder Jahreszeit. Damit ist Vegetarisches vom Rost so vielfältig, dass auch Nicht-Vegetarierer gern zugreifen. Grillen Sie im Frühjahr Polentascheiben mit Bohnen-Zwiebel-Chili. Im Sommer sind „Zucchini-Nudeln“ eine optimale Wahl. Staudensellerie und Möhren machen sich gut im herbstlichen BBQ-Grillgemüse. Und im Winter stecken Sie Porree- und Fenchelstücke auf Spieße und marinieren diese mit Knoblauch-Kräuter-Öl.

Tipps zum Vorbereiten

* Die Oliven-Tomaten-Füllung kann einige Stunden vor dem Grillen zubereitet werden. Die Füllung dazu mit etwas vom Olivenöl anrühren. Das restliche Olivenöl dann vor dem Grillen untermischen. Die Füllung zugedeckt in den Kühlschrank stellen.

Avocados mit Oliven-Tomaten-Füllung

Gelingen leicht

Zubereitungszeit: 45 Minuten
Grillzeit: 15–25 Minuten
12 Portionen

3 Limetten
12 Avocados
200 ml Olivenöl
Salz
gem. Pfeffer
36 kleine Tomaten (etwa 900 g)
170 g abgetropfte, entsteinte schwarze Oliven
170 g abgetropfte, entsteinte grüne Oliven
4 Knoblauchzehen
1 Bund Thymian

1 Baguette (etwa 350 g)
125 g Knoblauchbutter

Außerdem:
Grillschalen
Alufolie

01 Die Limetten halbieren und auspressen. Die Avocados längs halbieren und jeweils den Stein entfernen. Die Avocadohälften zuerst mit dem Limettensaft bestreichen und dann mit etwas vom Olivenöl rundherum einstreichen, mit Salz und Pfeffer würzen.

02 Die Tomaten abspülen, abtrocknen und in kleine Würfel schneiden, dabei die Stängelansätze herausschneiden. Die schwarzen und grünen Oliven ebenfalls klein schneiden.

03 Die Knoblauchzehen abziehen und durch eine Knoblauchpresse drücken. Thymian abspülen, trocken tupfen und die Blättchen von den Stängeln zupfen. Die Blättchen klein schneiden.

04 Die Tomaten- und Olivenwürfel mit Knoblauch und Thymian gut vermischen, restliches Olivenöl unterrühren, mit Salz und Pfeffer würzen.

05 Die Grillschalen (gefettet) auf den Grillrost des heißen Grills stellen. Die vorbereiteten Avocadohälften jeweils mit den Schnittflächen nach unten darauf verteilen. Die Avocadohälften 10–15 Minuten grillen, dann die Avocadohälften wenden.

06 Die Oliven-Tomaten-Füllung in den Avocadohälften verteilen und die Grillschalen locker mit Alufolie zudecken. Die Avocadohälften weitere 5–10 Minuten grillen.

07 Inzwischen das Baguette in Scheiben schneiden, evtl. die Baguettescheiben auf dem Grill mitgrillen. Die Baguettescheiben mit Knoblauchbutter bestreichen und zu den Avocados servieren.

Pro Portion: E: 8 g, F: 72 g, Kh: 21 g, kJ: 3213, kcal: 769, BE: 1,5

Tipps zum Vorbereiten

* Falten Sie die „Alu-Pfännchen“ vorab. Das Gemüse mit dem Schafskäse können Sie bis einschließlich Punkt 3 einige Stunden vor dem Grillen vorbereiten und zugedeckt in den Kühlschrank stellen.

Gemüse-Schafskäse-Pfännchen

Gelingen leicht

Zubereitungszeit: 45 Minuten
Grillzeit: 15–20 Minuten
12 Portionen

3 große rote Paprikaschoten
3 Zucchini
36 Cocktailtomaten
600 g Schafskäse
3 TL gerebelter Rosmarin
3–6 EL Zitronensaft
etwa 120 ml Olivenöl
Salz
gem. Pfeffer

Außerdem:
12 Stücke Alufolie (je etwa 30 x 20 cm)
Backpapier

01 Die Paprikaschoten halbieren, entstielen, entkernen und die weißen Scheidewände entfernen. Schotenhälften abspülen, abtropfen lassen und in mundgerechte Stücke schneiden. Die Zucchini abspülen, abtrocknen und die Enden abschneiden. Zucchini halbieren und in Würfel schneiden.

02 Die Cocktailtomaten abspülen, abtrocknen und halbieren, dabei evtl. die Stängelansätze herausschneiden. Den Schafskäse ebenfalls in Würfel schneiden.

03 Die Paprikastücke, Zucchini- und Schafskäsewürfel mit den Tomaten und dem Rosmarin in eine Schüssel geben. Zitronensaft und Olivenöl hinzugeben. Die Zutaten gut vermischen, mit Salz und Pfeffer würzen.

04 Aus doppelt gefalteter Alufolie 12 rechteckige Formen falten. Aus dem Backpapier 12 Stücke in der Größe der Aluformenböden schneiden und je eine Form damit auslegen. Die Gemüsemischung in 12 Portionen teilen und in den Aluförmchen verteilen.

05 Die Gemüsepfännchen auf den Grillrost des heißen Grills legen. Die Gemüsemischung bei nicht zu starker Hitze 15–20 Minuten grillen.

Tipps: Rosmarinzweige und kleine rote und grüne Chilischoten abspülen, abtropfen lassen und auf dem Grill mitgrillen. Rosmarin sorgt für Aroma und die Chilischoten sind eine perfekte Ergänzung zum mediterranen Gemüse.

Pro Portion: E: 10 g, F: 23 g, Kh: 6 g, kJ: 1136, kcal: 271, BE: 0,5

Tipps zum Vorbereiten

* Das Gemüse können Sie einige Stunden vor dem Grillen vorbereiten und mit den Saucen vermischt, zugedeckt im Kühlschrank durchziehen lassen.

Mariniertes Asia-Gemüse

Leichter Genuss

Zubereitungszeit: 30 Minuten, ohne Einweichzeit
Marinierzeit: 30–40 Minuten
Grillzeit: etwa 30 Minuten
12 Portionen

50 g getrocknete Mu-err-Pilze
etwa 1 ¼ kg frisches Ananasfruchtfleisch (ohne Strunk und Schale)
2 Bund Koriander oder glatte Petersilie

640 g abgetropfte Sojabohnenkeimlinge (aus Gläsern)
700 g abgetropfte Bambussprossen (aus Gläsern)
440 g abgetropfte Mini-Maiskolben (aus Gläsern)

100 ml Sojasauce
600 ml süßsaure Sauce

Salz
gem. Pfeffer
150 g ausgebackenes Kroepoek

Außerdem:
Grillschalen ohne Löcher

01 Getrocknete Mu-err-Pilze in eine Schüssel geben. So viel kaltes Wasser hinzugießen, dass die Pilze bedeckt sind. Die Pilze etwa 30 Minuten weichen lassen.

02 Inzwischen das Ananasfruchtfleisch in mundgerechte Stücke schneiden. Koriander oder Petersilie abspülen, trocken tupfen und die Blättchen von den Stängeln zupfen. Einige Blättchen zum Garnieren beiseitelegen. Die restlichen Blättchen fein schneiden.

03 Die eingeweichten Pilze in einem Sieb abtropfen lassen und in kleine Stücke schneiden.

04 Ananas- und Pilzstücke mit den Sojabohnenkeimlingen, Bambussprossen, Mini-Maiskolben und Koriander oder Petersilie in eine große Schüssel geben. Sojasauce und süßsaure Sauce unterrühren, mit Salz und Pfeffer würzen. Das Ganze zugedeckt 30–40 Minuten durchziehen lassen.

05 Danach die Mischung mit einem Schaumlöffel aus der Marinade nehmen und in Grillschalen verteilen. Die Grillschalen auf den Grillrost des heißen Grills stellen. Das Asia-Gemüse unter gelegentlichem Rühren etwa 20 Minuten grillen. Dann die restliche Marinade unter das Asia-Gemüse rühren und das Gemüse weitere etwa 10 Minuten grillen.

06 Das Asia-Gemüse mit den beiseitegelegten Koriander- oder Petersilienblättchen garnieren und mit Kroepoek servieren.

Tipps: Möchten Sie frische Sojabohnenkeimlinge verwenden, dann planen Sie pro Portion etwa 100 g ein. Die Keimlinge verlesen, abspülen, abtropfen lassen und in kochendem Salzwasser etwa 10 Minuten garen. Dann die Sojabohnenkeimlinge in einem Sieb abtropfen lassen.

Pro Portion: E: 7 g, F: 4 g, Kh: 44 g, kJ: 1216, kcal: 290, BE: 3,5

Tipps zum Vorbereiten

* Den Sugo einige Stunden vor dem Grillen oder am Vorabend zubereiten und zugedeckt in den Kühlschrank stellen.

* Sugo etwa 1 Stunde vor dem Grillen aus dem Kühlschrank nehmen, dann schmeckt er aromatischer.

Halloumi mit Tomaten-Kapern-Sugo

Einfach & schnell

Zubereitungszeit: 30 Minuten
Grillzeit: 2–6 Minuten
12 Portionen

9 Tomaten
3 Bio-Zitronen (unbehandelt, ungewachst)
1 Bund glatte Petersilie
6 TL abgetropfte Kapern (aus dem Glas)
3 EL flüssiger Honig
etwa 120 ml Olivenöl
Salz
gem. Pfeffer

750 g Halloumi-Käse (halbfester Schnittkäse aus Zypern)

Außerdem:
Grillschalen

01 Tomaten abspülen, abtrocknen, halbieren, vierteln und dabei die Stängelansätze herausschneiden. Tomatenviertel entkernen und in kleine Würfel schneiden.

02 Zitronen heiß abspülen, abtrocknen und die Schale fein abreiben. Die Zitronen halbieren und den Saft auspressen. Petersilie abspülen, trocken tupfen und die Blättchen von den Stängeln zupfen. Die Blättchen fein schneiden.

03 Tomatenwürfel und Kapern in eine Schüssel geben. Zitronenschale und -saft, Honig, Olivenöl und Petersilie hinzufügen. Die Zutaten gut vermischen. Den Tomaten-Kapern-Sugo mit Salz und Pfeffer würzen.

04 Den Käse in 12 gleich dicke Scheiben schneiden. Die Käsescheiben in Grillschalen (gefettet) auf den Grillrost des heißen Grills legen und von jeder Seite so lange grillen, bis sie goldbraun sind (etwa 1–3 Minuten pro Seite).

05 Die Käsescheiben auf einer Platte anrichten. Den Tomaten-Kapern-Sugo daraufgeben und sofort servieren.

Tipps: Praktisch auf der Hand: Schneiden Sie 12 kleinere ovale Fladenbrote seitlich etwa bis zur Hälfte ein, sodass eine Tasche entsteht. Füllen Sie die Fladenbrote mit den gegrillten Halloumi-Scheiben und dem Sugo.
Für den großen Hunger, die Halloumi-Käse-Menge verdoppeln.

Beilagen-Tipps: Den gegrillten Halloumi mit Rucolasalat, geröstetem Fladenbrot und etwas Kräuterquark oder Pesto servieren.

Pro Portion: E: 14 g, F: 25 g, Kh: 7 g, kJ: 1311, kcal: 313, BE: 0,5

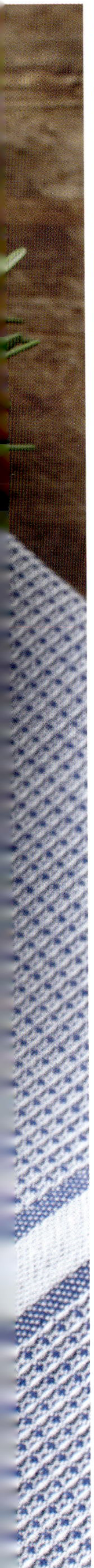

Provenzalische Gemüse-Brot-Spieße

Schmeckt nach Sommer

Zubereitungszeit: 1 Stunde
Grillzeit: 15–20 Minuten
12 Portionen (24 Spieße)

Tipps zum Vorbereiten

* Den Dip und die Spieße können Sie 4–5 Stunden vor dem Grillen bis einschließlich Punkt 4 vorbereiten. Den Dip dann zugedeckt in den Kühlschrank und die Spieße zugedeckt kühl stellen.

6 gleich große Zucchini (etwa 700 g)
Salzwasser
4 Paprikaschoten
48 Cocktailtomaten (etwa 1 kg)
2 Baguettes (etwa 500 g)
24 abgetropfte, entsteinte große Oliven (etwa 170 g)

Für den Dip:
1 Fleischtomate (etwa 250 g)
500 g Sahnequark
250 ml Tomatenketchup
Salz
gem. Pfeffer

250 g Knoblauchbutter

Außerdem:
Grillschalen ohne Löcher
24 Grillspieße (z. B. Bambusspieße 20–25 cm, über Nacht in Wasser eingelegt, oder Metallspieße)

01 Zucchini abspülen, abtrocknen und die Enden abschneiden. Die Zucchini längs mit einem Sparschäler oder einer Aufschnittmaschine in dünne Scheiben schneiden. Das Salzwasser in einem Topf zum Kochen bringen und die Zucchinischeiben darin portionsweise 2–3 Minuten garen. Dann die Zucchinischeiben abtropfen lassen.

02 Die Paprikaschoten halbieren, entstielen und die weißen Scheidewände entfernen. Die Schotenhälften abspülen, abtropfen lassen, jeweils dritteln und die Paprikadrittel nochmals quer halbieren. Die Paprikastücke nach Belieben kurz in kochendem Salzwasser blanchieren und abtropfen lassen.

03 Baguettes in 48 gleich dicke Scheiben schneiden. Die Zucchinischeiben aufrollen. Jeweils abwechselnd 2 Baguettescheiben, 2 Zucchiniröllchen, 2 Cocktailtomaten, 2 Paprikastücke und 1 Olive auf einen Spieß stecken.

04 Für den Dip die Tomate abspülen, abtrocknen, halbieren und den Stängelansatz herausschneiden. Tomate in kleine Würfel schneiden. Quark mit Ketchup verrühren, mit Salz und Pfeffer abschmecken. Die Tomatenwürfel unter den Dip rühren.

05 Die Spieße mit Salz und Pfeffer bestreuen, nebeneinander in die Grillschalen legen. Knoblauchbutter zerlassen. Die Spieße damit bestreichen. Die Grillschalen auf den Grillrost des heißen Grills stellen. Die Spieße 15–20 Minuten grillen, dabei einmal wenden.

06 Die Spieße mit dem Tomaten-Dip servieren.

Tipps: Für diese Spieße können auch andere Brotsorten, wie z. B. Zwiebelbrot, Vollkorn- oder Kräuter-Baguette verwendet werden.

Pro Portion: E: 12 g, F: 21 g, Kh: 37 g, kJ: 1646, kcal: 395, BE: 3,0

Polentascheiben mit Bohnen-Zwiebel-Chili

Zum Sattessen

Zubereitungszeit: 1 Stunde, ohne Quell- und Abkühlzeit
Grillzeit: etwa 8 Minuten
12 Portionen

Tipps zum Vorbereiten

* Die Polenta lässt sich gut in der Form vorbereiten und hält sich zugedeckt im Kühlschrank etwa 2 Tage.

* Auch das Chili können Sie entsprechend vorkochen, erkalten lassen und zugedeckt im Kühlschrank aufbewahren.

Für das Chili:
4 rote Zwiebeln
4 Knoblauchzehen
2 Bund Frühlingszwiebeln
50 ml Rapsöl
900 g abgespülte, abgetropfte Kidneybohnen (aus der Dose)
900 g abgespülte, abgetropfte weiße Bohnen (aus der Dose)
450 g abgetropfter Gemüsemais (aus der Dose)
2 TL Chiliflocken oder Paprikapulver
6 EL BBQ-Gewürzmischung
2 l Tomatensaft
Salz
gem. Pfeffer
Zucker

Für die Polentascheiben:
2 Knoblauchzehen
2 l Wasser
2 TL Salz
2 TL gerebelter Rosmarin
50 g Butter
500 g Maisgrieß (Polenta)

300 g Crème fraîche
250 g geriebener oder geraspelter Gouda

Außerdem:
Grillschalen

01 Für das Chili die Zwiebeln und den Knoblauch abziehen und würfeln. Die Frühlingszwiebeln putzen, abspülen und abtropfen lassen. 3 Frühlingszwiebeln in feine Scheiben schneiden und zum Garnieren beiseitelegen. Die restlichen Frühlingszwiebeln in Stücke schneiden.

02 Das Rapsöl in einem großen Topf erhitzen. Die Zwiebel- und Knoblauchwürfel sowie die Frühlingszwiebelstücke darin unter Rühren andünsten.

03 Rote und weiße Bohnen mit dem Mais hinzufügen. Chiliflocken oder Paprikapulver und die Gewürzmischung daraufstreuen. Den Tomatensaft unter Rühren hinzugießen. Das Ganze aufkochen und etwa 10 Minuten unter gelegentlichem Rühren köcheln lassen. Das Chili mit Salz, Pfeffer und Zucker abschmecken.

04 Für die Polentascheiben die Knoblauchzehen abziehen. Wasser mit Salz, Knoblauch und Rosmarin in einem Topf zum Kochen bringen. Die Butter darin zerlassen. Maisgrieß unter ständigem Rühren einrieseln lassen. Das Ganze nochmals kurz aufkochen. Den Topf von der Kochstelle nehmen und den Maisgrieß in etwa 10 Minuten ausquellen lassen.

05 Die Knoblauchzehen aus der Grießmasse entfernen. Eine große, flache Form mit kaltem Wasser ausspülen. Die Masse darin verteilen, glatt streichen und erkalten lassen. Polenta auf ein großes Schneidebrett stürzen und in etwa 2 cm dicke Scheiben schneiden.

06 Die Polentascheiben in Grillschalen (gefettet) legen. Die Grillschalen auf den Grillrost des heißen Grills stellen. Die Polentascheiben etwa 4 Minuten je Seite grillen.

07 Zum Servieren auf jede Portion Chili einen Klecks Crème fraîche geben. Chili mit dem Käse und den beiseitegelegten Frühlingszwiebelscheiben bestreuen. Die Polentascheiben mit dem Chili servieren.

Pro Portion: E: 23 g, F: 27 g, Kh: 71 g, kJ: 2609, kcal: 624, BE: 5,5

Tipps zum Vorbereiten

* Die gefüllten Tomaten können bis einschließlich Punkt 6 etwa 3 Stunden vor dem Grillen vorbereitet werden.

* Oder Sie bereiten am Vortag der Grillparty den Erdäpfelkas zu und stellen ihn zugedeckt über Nacht in den Kühlschrank.

Erdäpfelkas in Fleischtomaten

Ideale Grillbegleitung

Zubereitungszeit: 70 Minuten
Grillzeit: etwa 20 Minuten
12 Portionen

2 kg mehligkochende Kartoffeln
2 TL Salz

2 Bund Petersilie
24 Fleischtomaten (4 ¼–4 ½ kg)
etwa 100 ml Speiseöl, z. B. Rapsöl
gem. Pfeffer

600 g Schmand
ger. Muskatnuss

Außerdem:
Grillschalen
Alufolie

01 Kartoffeln schälen, in Stücke schneiden, abspülen und knapp mit Wasser bedeckt in einem großen Topf zugedeckt zum Kochen bringen. Salz hinzugeben und die Kartoffeln in etwa 30 Minuten gar kochen.

02 In der Zwischenzeit Petersilie abspülen, trocken tupfen und die Blättchen von den Stängeln zupfen. Die Blättchen fein schneiden.

03 Die Tomaten abspülen, abtrocknen und die Stängelansätze entfernen. Von den Tomaten jeweils einen Deckel abschneiden. Das Tomatenfleisch mit einem Teelöffel oder einem Kugelausstecher herauslösen.

04 Die ausgehöhlten Tomaten innen und außen mit dem Speiseöl einstreichen, mit Salz und Pfeffer würzen.

05 Die garen Kartoffeln abgießen und dann die Kartoffeln mit einem Stampfer zerdrücken. Petersilie und Schmand unter den Kartoffelstampf rühren. Den Erdäpfelkas mit Salz, Pfeffer und Muskat abschmecken.

06 Die ausgehöhlten Tomaten mithilfe eines Löffels mit dem Erdäpfelkas füllen. Die gefüllten Tomaten in Grillschalen (gefettet) setzen. Die Grillschalen locker mit Alufolie zudecken.

07 Die Grillschalen auf den Grillrost des heißen Grills stellen. Die gefüllten Tomaten etwa 20 Minuten grillen.

Tipps: Die Tomatendeckel und das Tomatenfruchtfleisch zu einer Tomatensuppe oder Tomatensauce verarbeiten.

Pro Portion: E: 6 g, F: 21 g, Kh: 28 g, kJ: 1363, kcal: 324, BE: 2,0

Tipps zum Vorbereiten

* Die Limettenscheiben können Sie auch schon 2–3 Tage vor dem Grillen in Olivenöl einlegen.

Auberginen mit eingelegten Limetten

Raffiniert

Zubereitungszeit: 1 Stunde, ohne Abkühlzeit
Marinierzeit: mindestens 24 Stunden
Grillzeit: etwa 4 Minuten
12 Portionen

Für die eingelegten Limetten:
6–7 Bio-Limetten (unbehandelt, ungewachst)
1–1 ½ EL Meersalz
200 ml Olivenöl

6 Knoblauchzehen
200 ml Olivenöl
13 mittelgroße Auberginen (je etwa 300 g)
Salz
gem. grober, bunter Pfeffer
2–3 Bund Schnittlauch

01 Für die eingelegten Limetten die Limetten heiß abwaschen, abtrocknen und in dünne Scheiben schneiden. Die Limettenscheiben mit Salz bestreuen und in ein Glas schichten. Die Limettenscheiben mit Olivenöl übergießen, sodass diese damit bedeckt sind. Das Glas verschließen und die Limettenscheiben mindestens 24 Stunden im Kühlschrank marinieren lassen.

02 Knoblauch abziehen und durch eine Knoblauchpresse drücken. Olivenöl mit Knoblauch verrühren.

03 Auberginen abspülen, abtrocknen und die Stängelansätze entfernen. Auberginen in Scheiben schneiden, mit Salz und Pfeffer bestreuen.

04 Auberginenscheiben in eine flache Schale legen und mit dem Knoblauchöl übergießen. Die Auberginenscheiben zudecken und ebenfalls in den Kühlschrank stellen.

05 Den Schnittlauch abspülen, trocken tupfen und in Röllchen schneiden.

06 Die Auberginenscheiben aus der Schale nehmen, trocken tupfen und auf den Grillrost (gefettet) des heißen Grills legen. Die Auberginenscheiben etwa 2 Minuten von jeder Seite grillen.

07 Die gegrillten Auberginenscheiben etwas abkühlen lassen, mit den eingelegten Limettenscheiben auf einer großen Platte anrichten und mit Schnittlauchröllchen bestreuen.

Beilagen-Tipps: Servieren Sie dazu eingelegten Fetakäse oder Mozzarella und frisches Stangenweißbrot oder Fladenbrot.

Pro Portion: E: 4 g, F: 29 g, Kh: 8 g, kJ: 1296, kcal: 309, BE: 0,5

Tipps zum Vorbereiten

* Die Spieße lassen sich gut am Vortag bis einschließlich Punkt 5 vorbereiten und mit dem Kräuteröl bestreichen. Die Spieße zugedeckt kühl stellen.

Wintergemüse am Spieß

Für die Winterparty

Zubereitungszeit: 1 ½ Stunden
Grillzeit: etwa 20 Minuten
12 Portionen (12 Spieße)

3 Fenchelknollen (etwa 700 g)
5 dünne Stangen Porree (Lauch)
10 mittelgroße Möhren (etwa 650 g)
650 g Staudensellerie
20 Schalotten (etwa 720 g)
Salzwasser

10 Knoblauchzehen
einige Zweige Rosmarin und Thymian
5 EL Speiseöl, z. B. Rapsöl
Salz
gem. Pfeffer

Für den Dip:
300 g Akazienhonig
2 ½–3 EL Crema di Balsamico

Außerdem:
12 lange Grillspieße (z.B. Bambusspieße etwa 30 cm lang, über Nacht in Wasser eingelegt, oder Metallspieße)

01 Die Fenchelknollen putzen, abspülen und abtropfen lassen. Die Porreestangen putzen, das dunkle Grün im oberen Bereich abschneiden. Die Stangen gründlich waschen und abtropfen lassen. Jede Stange in etwa 5 cm lange Stücke schneiden.

02 Die Möhren putzen und schälen. Staudensellerie putzen. Möhren und Selleriestangen abspülen, abtropfen lassen und ebenfalls in etwa 5 cm lange Stücke schneiden. Die Schalotten abziehen und längs halbieren.

03 Salzwasser in einem Topf zum Kochen bringen. Nacheinander die Gemüsestücke darin bissfest garen. Zuerst die Fenchelknollen 15–20 Minuten, dann die Staudensellerie- und Möhrenstücke und Schalotten etwa 5 Minuten, zum Schluss die Porreestücke etwa 1 Minute. Die gegarten Gemüsestücke in ein Sieb geben, mit kaltem Wasser abschrecken, abtropfen und abkühlen lassen.

04 Die Knoblauchzehen abziehen, durch eine Knoblauchpresse drücken oder fein hacken. Die Kräuterstängel abspülen und trocken tupfen. Die Blättchen und Nadeln von den Stängeln zupfen und fein schneiden. Knoblauch und Kräuter mit dem Speiseöl verrühren.

05 Die Fenchelknollen in Spalten schneiden und mit den vorbereiteten Gemüsestücken in bunter Reihenfolge auf die Spieße stecken.

06 Die Gemüsespieße mit dem Kräuteröl bestreichen, mit Salz und Pfeffer bestreuen. Die Spieße etwas abtropfen lassen und auf den Grillrost (gefettet) des heißen Grills legen, insgesamt etwa 20 Minuten grillen, dabei die Spieße jeweils nach 5 Minuten wenden.

07 Für den Dip den Akazienhonig leicht erwärmen und mit Crema di Balsamico abschmecken. Den Dip auf die noch heißen, gegrillten Spieße streichen oder den lauwarmen Honigdip dazuservieren.

Pro Portion: E: 3 g, F: 3 g, Kh: 29 g, kJ: 672, kcal: 160, BE: 2,0

Tipps zum Vorbereiten

* Die Spieße können Sie einige Stunden oder am Vortag wie bis einschließlich Punkt 5 beschrieben vorbereiten und zugedeckt in den Kühlschrank stellen.

Mini-Paprikaschoten am Spieß

Kleiner Grillsnack

Zubereitungszeit: 1 Stunde
Marinierzeit: etwa 1 Stunde
Grillzeit: etwa 10 Minuten
12 Portionen (24 Spießchen)

je 16 gelbe, rote und grüne Mini-Paprikaschoten

Für die Marinade:
8 Knoblauchzehen
1 ½ EL grüne Pfefferkörner in Lake (etwa 30 g)
300 ml Olivenöl

Zum Bestreuen:
Salz

Außerdem:
24 kleine Grillspieße (z. B. Bambusspieße etwa 5 cm, über Nacht in Wasser eingelegt, oder Metallspieße)

01 Die Paprikaschoten halbieren, entstielen und entkernen. Die weißen Scheidewände entfernen. Schotenhälften abspülen und abtropfen lassen.

02 Wasser in einem großen Topf zum Kochen bringen. Die Paprikahälften portionsweise darin kurz blanchieren. Anschließend die Paprikahälften mit einer Schaumkelle herausnehmen und mit kaltem Wasser abschrecken. Paprikahälften in einem Sieb gut abtropfen lassen.

03 Jeweils 4 Paprikahälften in bunter Reihenfolge auf die Spieße stecken.

04 Für die Marinade Knoblauch abziehen und in dünne Scheiben schneiden. Die Pfefferkörner leicht zerdrücken. Anschließend Pfefferkörner und Knoblauchscheiben mit dem Öl verrühren.

05 Die Paprikaspieße in eine flache Schale legen und mit der Marinade übergießen. Die Paprikaspieße zugedeckt im Kühlschrank etwa 1 Stunde marinieren, dabei gelegentlich wenden.

06 Die Paprikaspieße abtropfen lassen, auf den Grillrost (gefettet) des heißen Grills legen und unter mehrmaligem Wenden etwa 10 Minuten grillen. Die Spieße mit Salz bestreut servieren.

Beilagen-Tipps: Servieren Sie die Paprikaspieße mit verschiedenen Dips, z. B. Quark mit frisch gehackten Kräutern, einer leichten Mayonnaise mit Knoblauch gewürzt oder einem fruchtigen Tomatenketchup mit Tomatenwürfeln und grünen Pfefferkörnern.

Pro Portion: E: 5 g, F: 6 g, Kh: 19 g, kJ: 645, kcal: 155, BE: 1,5

Tipps zum Vorbereiten

* Die Päckchen können bereits etwa 5 Stunden vor dem Grillen fertig gemacht werden. Die Päckchen dann zugedeckt in den Kühlschrank stellen.

Hummus im Bananenblatt

Erst einpacken, dann auspacken

Zubereitungszeit: 1 ½ Stunden
Grillzeit: 10–15 Minuten
12 Portionen (60 Päckchen)

Für den Salat:
1 kg Tomaten
3 Salatgurken
2 Bund glatte Petersilie
2 TL Essigbaumgewürz (in türk. Lebensmittelläden erhältlich)
100 ml Weißweinessig
Salz
gem. Pfeffer
1 Prise Zucker
200 ml Olivenöl

Für den Hummus im Bananenblatt:
2 Bund glatte Petersilie
6 Knoblauchzehen
6 Dosen Kichererbsen (2,4 kg mit Fond)
900 g Sesampaste
½–1 TL Kreuzkümmel
½–1 TL Paprikapulver edelsüß
Salz
gem. Pfeffer
Saft von 2 Limetten
6 ganze Bananenblätter

etwas Olivenöl zum Einstreichen

Außerdem:
Küchengarn
Grillschalen

01 Für den Salat Tomaten und Gurken abspülen und abtropfen lassen. Die Tomaten in Stücke schneiden, dabei die Stängelansätze herausschneiden. Die Gurken längs vierteln und ebenfalls in kleine Stücke schneiden. Petersilie abspülen, trocken tupfen und die Blättchen von den Stängeln zupfen. Die Blättchen fein schneiden.

02 Essigbaumgewürz mit Weinessig verrühren, mit Salz, Pfeffer und Zucker würzen, Olivenöl unterschlagen. Dressing mit Tomaten-, Gurkenstücken und Petersilie vermischen. Salat zugedeckt etwa 40 Minuten ziehen lassen.

03 Inzwischen für den Hummus Petersilie abspülen, trocken tupfen und etwas kleiner zupfen. Knoblauch abziehen. Die Kichererbsen mit dem Fond, der Sesampaste, der Petersilie und dem Knoblauch zu einer glatten Masse pürieren, mit Kreuzkümmel, Paprikapulver, Salz, Pfeffer und Limettensaft pikant abschmecken.

04 Die Bananenblätter an der Rispe längs halbieren. Dann die Bananenblätter in 60 etwa 15 x 15 cm große Stücke schneiden, kurz in kochendem Wasser blanchieren, abtropfen lassen. Auf jedes Bananenblattstück mittig einen gehäuften Esslöffel Hummus geben, die Blätter jeweils zu Päckchen zusammenfalten und mit Küchengarn zusammenbinden.

05 Die Päckchen mit Olivenöl einstreichen und nebeneinander in die Grillschalen setzen. Die Grillschalen auf den Grillrost des heißen Grills stellen. Die gefüllten Bananenblattpäckchen 10–15 Minuten grillen, dabei einmal wenden. Zum Servieren die Bananenblattpäckchen öffnen, den Hummus herauslöffeln und den salat dazureichen.

Tipps: Die Bananenblätter dienen als Grillhülle und werden nicht mitgegessen.
Bekommen Sie keine Bananenblätter, dann greifen Sie auf Chinakohl zurück. Dazu von 4 Chinakohlköpfen die Blätter vom Strunk lösen. Dicke Blattrippen heraus- bzw. flachschneiden. Die Blätter kurz blanchieren, abtropfen lassen, wie beschrieben füllen und die Päckchen grillen.

Pro Portion: E: 28 g, F: 62 g, Kh: 40 g, kJ: 3554, kcal: 855, BE: 3,0

Tipps zum Vorbereiten

* Die Puffer 2–3 Stunden vor dem Grillen bis einschließlich Punkt 5 zubereiten und zugedeckt in den Kühlschrank stellen.

Kartoffel-Feta-Puffer

Leichte Grillbeilage

Zubereitungszeit: 1 Stunde, ohne Abkühlzeit
Grillzeit: etwa 8 Minuten
12–18 Stück

1125 g mehligkochende Kartoffeln
1 TL Salz
3 mittelgroße Möhren
275 g Feta-Käse
4–5 Frühlingszwiebeln
2 Stängel Dill
3 Eier (Größe M)
Saft und Schale von 1 kleinen Bio-Zitrone (unbehandelt, ungewachst)
gem. Pfeffer
3 EL Weizenmehl
9 EL Semmelbrösel

Außerdem:
Grillschalen ohne Löcher

01 Kartoffeln schälen, abspülen, abtropfen lassen und in Stücke schneiden. Die Kartoffelstücke in einem Topf mit Wasser bedeckt zum Kochen bringen. Das Salz hinzugeben und die Kartoffelstücke zugedeckt in 20–25 Minuten gar kochen. Kartoffeln abgießen, abdämpfen, sofort durch eine Kartoffelpresse drücken oder mit einem Kartoffelstampfer zerstampfen und in eine Schüssel geben. Kartoffeln etwas abkühlen lassen.

02 Möhren putzen, schälen, abspülen und abtropfen lassen. Möhren auf einer Haushaltsreibe grob raspeln. Feta-Käse in kleine Stücke schneiden und mithilfe einer Gabel etwas zerdrücken.

03 Frühlingszwiebeln putzen, abspülen, abtropfen lassen und in feine Scheiben schneiden. Dill abspülen, trocken tupfen und die Spitzen von den Stängeln zupfen. Die Spitzen fein hacken.

04 Möhrenraspel, Feta-Käse, Frühlingszwiebelscheiben, Dill, Eier, Zitronensaft und -schale zu der Kartoffelmasse geben und gut vermengen. Kartoffel-Gemüse-Masse mit Salz und Pfeffer abschmecken.

05 Mehl mit Semmelbröseln in einer flachen Schale vermischen. Aus der Kartoffel-Gemüse-Masse 12–18 knapp 2 cm dicke Puffer formen. Die Puffer in der Mehl-Semmelbrösel-Mischung wenden. Die Panade andrücken.

06 Die Puffer in Grillschalen (gefettet) legen. Die Grillschalen auf den Grillrost des heißen Grills legen. Die Puffer von jeder Seite etwa 4 Minuten knusprig grillen, heiß servieren.

Tipps: Dill gibt's auch fertig geschnitten in der Tiefkühltruhe. Wer keinen Feta mag, kann auch 225 g geräucherten Tofu in feine Würfel schneiden und unter die Kartoffelmasse geben.

Beilagen-Tipp: Servieren Sie z. B. einen Kraut-Apfel-Salat mit Sonnenblumenkernen dazu.

Pro Stück: E: 7 g, F: 6 g, Kh: 21 g, kJ: 712, kcal: 170, BE: 1,5

Tipps zum Vorbereiten

* Die Zucchinischeiben können bereits am Vortag bis einschließlich Punkt 3 vorbereitet werden. Die Zucchinischeiben dann zugedeckt in den Kühlschrank stellen.

„Zucchini-Nudeln"

Verblüffend einfach

Zubereitungszeit: 30 Minuten
Grillzeit: 30–45 Minuten
12 Portionen

4 ¼ kg dünne Zucchini
1 Bund Thymian
1 Bund Rosmarin
8 Knoblauchzehen
200 ml Olivenöl
Salz
gem. Pfeffer

Außerdem:
Grillschalen ohne Löcher

01 Zucchini abspülen, abtrocknen und die Enden abschneiden. Die Zucchini längs mit einem Sparschäler oder einer Aufschnittmaschine in dünne Scheiben schneiden.

02 Thymian und Rosmarin abspülen, trocken tupfen und die Blättchen von den Stängeln zupfen. Einige Blättchen zum Garnieren beiseitelegen. Restliche Blättchen fein schneiden. Knoblauch abziehen und in kleine Würfel schneiden.

03 Die Zucchinischeiben in eine große Schüssel geben. Thymian, Rosmarin und Knoblauch hinzugeben, mit Salz und Pfeffer würzen. Das Olivenöl hinzugießen und das Ganze vorsichtig vermischen.

04 Die Zucchinischeiben portionsweise in den Grillschalen verteilen. Die Grillschalen auf den Grillrost des heißen Grills stellen. Die „Zucchini-Nudeln" etwa 10 Minuten pro Portion grillen, dabei ab und zu wenden.

05 Die garen „Zucchini-Nudeln" am Rand des Grills warm halten, zum Servieren dann mit den beiseitegelegten Kräutern servieren.

Beilagen-Tipp: Reichen Sie zu den „Zucchini-Nudeln" ein **Paprika-Chili.** Dafür jeweils 2 rote, gelbe und grüne Paprikaschoten und etwa 250 g milde Chilischoten halbieren, entstielen, entkernen und die weißen Scheidewände entfernen. Die Schoten abspülen, abtropfen lassen und in Stücke schneiden. 300 g Cocktailtomaten abspülen, abtropfen lassen, halbieren und dabei die Stängelansätze herausschneiden. Das Gemüse mit 200 ml Olivenöl vermischen und in einer großen erhitzen Pfanne oder einem Bräter unter gelegentlichem Rühren gut anbraten. Das Gemüse mit Salz, Pfeffer und Chiliflocken würzen. 250 ml süße Chili-Sauce hinzugießen und das Ganze bei schwacher Hitze etwa 15 Minuten garen. Dabei ab und zu umrühren. Das Chili lässt sich gut vorbereiten und kann zur Grillparty in Grillschalen (ohne Löcher) auf dem Grillrost mit erwärmt werden.

Pro Portion: E: 6 g, F: 18 g, Kh: 7 g, kJ: 891, kcal: 214, BE: 0,0

Feurige Maiskolben

Vorsicht: scharf!

Zubereitungszeit: 30 Minuten
Grillzeit: 20–25 Minuten
12 Stück

Tipps zum Vorbereiten

* Legen Sie die Maiskolben einige Stunden vor dem Grillen in die Sauce ein. Die Maiskolben zudecken und kühl stellen, dabei die Maiskolben gelegentlich wenden.

12 Maiskolben
2 Zwiebeln
6 Knoblauchzehen
etwa 50 g Ingwer
6 Chilischoten
3 Bio-Limetten (unbehandelt, ungewachst)
6 EL flüssiger Honig
9 EL Sojasauce
6 EL Sesam- oder Erdnussöl
3 EL Fünf-Gewürze-Pulver
Salz

Außerdem:
12 Bögen Backpapier
12 Bögen Alufolie

01 Die Maiskolben von den Blättern befreien, abspülen und trocken tupfen.

02 Zwiebeln und Knoblauch abziehen, halbieren und in kleine Würfel schneiden. Ingwer schälen und fein reiben. Die Chilischoten entstielen, abspülen, abtropfen lassen und entkernen. Chilischoten in feine Ringe schneiden.

03 Die Limetten heiß abspülen, abtrocknen und die Schale fein abreiben. Limetten halbieren und den Saft auspressen.

04 Honig in eine Schüssel geben. Zwiebel- und Knoblauchwürfel, Chilischotenringe, Limettenschale und -saft, Sojasauce, Sesam- oder Erdnussöl und Fünf-Gewürze-Pulver hinzufügen. Die Zutaten gut verrühren und mit Salz abschmecken.

05 Jeweils einen Bogen Backpapier auf einen Bogen Alufolie legen. Je einen Maiskolben darauflegen und vollständig mit der Sauce einstreichen. Übrig gebliebene Sauce auf den Maiskolben verteilen. Die Maiskolben einwickeln und die Folie außen gut festdrücken, sodass nichts auslaufen kann.

06 Die Maiskolben auf den Grillrost des heißen Grills legen und am Rand des Grillrostes 20–25 Minuten grillen, dabei die Kolben ab und zu wenden.

Tipps: Das Sesam- oder Erdnussöl kann durch Sonnenblumen- oder Olivenöl ersetzt werden.

Beilagen-Tipps: Die Maiskolben passen gut zu Salat. Für Nicht-Vegetarier sind sie eine leckere Beilage zu Grillfleisch.

Pro Stück: E: 5 g, F: 7 g, Kh: 22 g, kJ: 709, kcal: 169, BE: 1,5

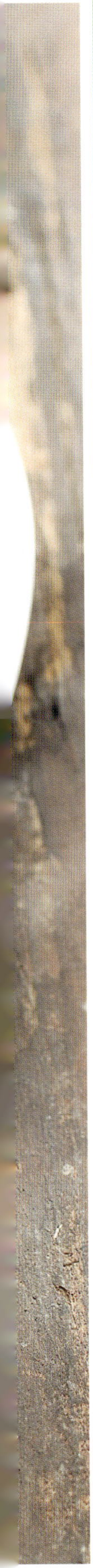

Tipps zum Vorbereiten

* Das Gemüse kann einige Stunden vor dem Grillen in Stücke geschnitten und mit dem Olivenöl beträufelt werden. Die Gemüsestücke dann zugedeckt kühl stellen.

* Das Dressing ebenfalls vorbereiten und zum Grillen bereitstellen.

Gemüsesalat vom Grill

Mediterrane Beilage

Zubereitungszeit: 45 Minuten
Grillzeit: etwa 10 Minuten
12 Portionen

je 3 rote, gelbe und grüne Paprikaschoten
12 Tomaten
3 Zucchini
3 kleine Auberginen
1–2 Töpfe Basilikum

Für das Dressing:
etwa 125 ml Balsamico-Essig
etwa 175 ml Olivenöl
Salz
gem. Pfeffer
Zucker

etwas Olivenöl zum Beträufeln

01 Die Paprikaschoten halbieren, entstielen und die weißen Scheidewände entfernen. Schoten abspülen, abtropfen lassen, evtl. grob schälen und vierteln.

02 Tomaten abspülen, abtrocknen, halbieren und dabei die Stängelansätze herausschneiden.

03 Zucchini und Auberginen abspülen, abtrocknen, die Enden bzw. Stängelansätze abschneiden und in etwa 1 cm dicke Scheiben schneiden.

04 Basilikum abspülen, trocken tupfen und die Blättchen von den Stängeln zupfen.

05 Für das Dressing Balsamico-Essig mit Olivenöl verschlagen, mit Salz, Pfeffer und Zucker würzen.

06 Paprikaschotenviertel, Tomatenhälften, Zucchini- und Auberginenscheiben mit etwas Olivenöl beträufeln bzw. einstreichen und auf den Grillrost (gefettet) des heißen Grills legen. Das Gemüse etwa 10 Minuten grillen, dabei ab und zu wenden.

07 Sobald es ausreichend gegrillt ist, das Gemüse vom Grillrost nehmen und in einer großen, flachen Schale oder Auflaufform anrichten. Das Gemüse mit dem Dressing beträufeln und mit den Basilikumblättern bestreuen.

Tipps: Den Gemüsesalat vor den Hauptgerichten grillen. Er schmeckt lauwarm und kalt sehr gut. Auch in Stücke geschnittene, vorgegarte Maiskolben oder abgezogene, halbierte rote Zwiebeln vom Grill schmecken hervorragend in diesem Salat (siehe auch Titelfoto). Zusätzlich noch etwas Rosmarin oder Thymian unter das Dressing geben.

Beilagen-Tipp: Der Gemüsesalat passt zu frischem Baguette oder als Auflage für einen vegetarischen Burger.

Pro Portion: E: 4 g, F: 18 g, Kh: 13 g, kJ: 971, kcal: 231, BE: 1,0

Tipps zum Vorbereiten

* Das Gemüse können Sie am Vortag vorbereiten und mit der BBQ-Sauce vermischt, zugedeckt im Kühlschrank durchziehen lassen.

BBQ-Grillgemüse

Einfach zu machen

Zubereitungszeit: 30 Minuten
Marinierzeit: etwa 30 Minuten
Grillzeit: 35–40 Minuten
12 Portionen

6 Paprikaschoten (rot, gelb, grün, etwa 1 ¼ kg)
10 Möhren (etwa 1 ¼ kg)
2 Staudensellerie (etwa 1 ¼ kg)
Salz
gem. Pfeffer
660 ml BBQ-Sauce

Außerdem:
Grillschalen ohne Löcher

01 Paprikaschoten vierteln, entstielen, entkernen und die weißen Scheidewände entfernen. Schoten abspülen und abtropfen lassen. Möhren putzen, schälen, abspülen und abtropfen lassen. Staudensellerie putzen, abspülen und abtropfen lassen.

02 Paprikaviertel, Möhren und Selleriestangen in etwa 1 cm große Würfel schneiden. Die Gemüsewürfel mit Salz und Pfeffer würzen, die BBQ-Sauce unterrühren. Das Gemüse zugedeckt etwa 30 Minuten marinieren.

03 Mariniertes Gemüse mit einem Schaumlöffel aus der Marinade nehmen oder das Gemüse in einem Sieb abtropfen lassen, dabei die Marinade auffangen. Gemüse in Grillschalen (gefettet) verteilen.

04 Die Grillschalen auf den Grillrost des heißen Grills stellen. Das Gemüse unter gelegentlichem Rühren bei nicht zu starker Hitze in etwa 30 Minuten bissfest grillen. Dann die restliche Marinade unter das Gemüse rühren. Gemüse weitere 5–10 Minuten grillen.

Beilagen-Tipp: Dazu warmes Baguette, frisches Bauernbrot oder Folienkartoffeln servieren.

Pro Portion: E: 3 g, F: 3 g, Kh: 12 g, kJ: 371, kcal: 89, BE: 1,0

Tipps zum Vorbereiten

* Die „Pfännchen“ lassen sich gut vorab falten. Die Tomaten- und Schafskäsescheiben 2–3 Stunden vor dem Grillen getrennt in Schälchen geben und zugedeckt in den Kühlschrank stellen.

* Auch die Petersilie können Sie dann schon vorbereiten und ebenfalls zugedeckt kühl stellen.

Schafskäse-Tomaten-Pfännchen

Beliebt

Zubereitungszeit: 45 Minuten
Grillzeit: 10–12 Minuten
12 Portionen

12 große Tomaten
600 g Schafskäse
etwa 175 ml Olivenöl
1–2 Bund glatte Petersilie
gem. weißer Pfeffer
Kräuter-Gewürzsalz

Außerdem:
12 Stücke Alufolie (je etwa 30 x 20 cm)
Backpapier

01 Die Tomaten abspülen, abtrocknen, halbieren und dabei die Stängelansätze herausschneiden. Die Tomatenhälften und den Schafskäse in Scheiben schneiden. Tomaten- und Schafskäsescheiben vorsichtig mit dem Olivenöl vermischen.

02 Petersilie abspülen, abtropfen lassen und die Blättchen von den Stängeln zupfen. Die Blättchen fein schneiden.

03 Aus doppelt gefalteter Alufolie 12 rechteckige Formen falten. Aus dem Backpapier 12 Stücke in der Größe der Aluformenböden schneiden und je eine Form damit auslegen.

04 Käse, Tomaten und Petersilie dachziegelartig in die Pfännchen schichten, mit Pfeffer bestreuen. Die Pfännchen 10–12 Minuten auf den Grillrost des heißen Grills legen.

05 Zum Servieren die Schafskäse-Tomaten-Pfännchen mit Kräuter-Gewürzsalz bestreuen.

Tipp: Die Schafskäse-Tomaten-Pfännchen nach dem Grillen mit etwas geriebener Bio-Zitronenschale (unbehandelt, ungewachst) bestreuen.

Rezeptvariante: Auf die gleiche Weise lassen sich **Zucchini-Käse-Pfännchen** zubereiten. Dafür 12 kleine Zucchini putzen, abspülen und abtrocknen. Die Enden abschneiden. Die Zucchini längs bis kurz vor dem Ende dreimal einschneiden. 18 Scheiben Raclette-Käse längs halbieren. In jeden Zucchini-Einschnitt 1 Scheibe Raclette-Käse stecken. Die Zucchini mit Salz und Pfeffer würzen. Zucchini-Käse-Pfännchen etwa 15 Minuten garen. Dann die Zucchini-Käse-Pfännchen mit Paprikapulver bestreuen und servieren.

Pro Portion: E: 10 g, F: 25 g, Kh: 3 g, kJ: 1125, kcal: 268, BE: 0,5

Tipps zum Vorbereiten

* Die Kartoffeln und die Steckrübe können auch schon am Vortag gegart werden. In der Marinade können sie bis zu 2 Stunden mit der Zucchini durchziehen.

Kartoffeln und Grillgemüse

Einfach lecker

Zubereitungszeit: 1 Stunde
Marinierzeit: etwa 1 Stunde
Grillzeit: etwa 15 Minuten
12 Portionen

2 ½ kg kleine, gleich große Kartoffeln
1 ½ kg Steckrübe
4 TL Salz
12 kleine Zucchini
375 ml Olivenöl
einige Stängel Thymian
6 Zweige Rosmarin
grobkörniges Salz, z. B. Meersalz
gem. Pfeffer

Außerdem:
Grillschalen

01 Die Kartoffeln gründlich unter fließendem kalten Wasser abbürsten. Steckrübe putzen, schälen, abspülen, abtropfen lassen und evtl. halbieren.

02 Kartoffeln und Steckrübe jeweils in einem Topf mit Wasser bedeckt zum Kochen bringen. Dann je 2 Teelöffel Salz hinzugeben. Kartoffeln und Steckrübe zugedeckt je etwa 15 Minuten garen, dann abgießen und abtropfen lassen.

03 Zucchini abspülen, abtrocknen und die Enden abschneiden. Zucchini längs in dicke Scheiben schneiden oder längs halbieren. Steckrübe ebenfalls in etwa 1 cm dicke Scheiben schneiden.

04 Die Kräuter abspülen, trocken tupfen und die Blättchen bzw. Nadeln von den Stängeln zupfen. Das Öl mit Thymianblättchen, Rosmarinnadeln, Salz und Pfeffer in einer Schüssel verrühren. Kartoffeln, Steckrübe und Zucchini mit der Öl-Kräuter-Mischung bestreichen bzw. vermischen, etwa 1 Stunde zugedeckt marinieren.

05 Kartoffeln, Steckrübe und Zucchini aus der Marinade nehmen. Die Kartoffeln in Grillschalen legen und die Grillschalen auf den Grillrost des heißen Grills legen. Die Zucchini und die Steckrübenscheiben ebenfalls auf den Grillrost (gefettet) legen. Unter gelegentlichem Wenden die Kartoffeln und das Gemüse etwa 15 Minuten grillen.

06 Die Grillkartoffeln mit Salz bestreut servieren.

Pro Portion: E: 9 g, F: 12 g, Kh: 42 g, kJ: 1346, kcal: 321, BE: 3,0

Marinaden, Saucen & Co.

Scharfe Nussmarinade und schnelle Currysauce geben Ihnen zusätzliche Inspirationen für eigene Grillkreationen, ganz nach Ihren Vorstellungen und den Wünschen Ihrer Partygäste. Dabei lässt sich z. B. die süße Senfsauce auf Vorrat zubereiten und peppt jedes Grillwürstchen auf. Tomatenbutter passt perfekt zu Steaks, Fischfilets und Maiskolben.

Tipps zum Vorbereiten

* Die Marinaden können 2–3 Tage vor dem Einlegen zubereitet werden. Dann die Marinaden in ein Glas mit Schraubverschluss füllen und in den Kühlschrank stellen.

Scharfe Nuss- und Zwiebel-Balsamico-Marinade

Perfekt zum Vorbereiten

Zubereitungszeit: je 15–30 Minuten
für je etwa 1 kg Fleisch, Fisch oder Obst

Für die scharfe Nussmarinade (im Bild unten):

1 Gemüsezwiebel (etwa 275 g)
250 ml Erdnuss- oder Sesamöl
300 g gemischte, fein gehackte Nüsse (z B. gehackte Mandeln, Walnüsse und Haselnüsse)
60 g Sambal Oelek
100 ml Sojasauce
200 ml Thai-Chili-Sauce

Für die Zwiebel-Balsamico-Marinade (im Bild oben):

3 rote Zwiebeln (etwa 300 g)
6 Knoblauchzehen
5 EL Crema di Balsamico
200 ml dunkler Balsamico-Essig
100 ml Wasser
100 g brauner Zucker
gem. Pfeffer
100 ml Olivenöl

01 Für die scharfe Nussmarinade die Gemüsezwiebel abziehen und in kleine Würfel schneiden. Das Öl in einem Topf erhitzen. Die Zwiebelwürfel kurz darin dünsten. Die gehackten Nüsse vorsichtig dazugeben, unterrühren und unter Rühren anbräunen.

02 Sambal Oelek, Sojasauce und Thai-Chili-Sauce hinzugießen, unterrühren und unter gelegentlichem Rühren etwa 5 Minuten köcheln lassen.

03 Den Topf von der Kochstelle nehmen und die Nussmarinade erkalten lassen.

04 Für die Zwiebel-Balsamico-Marinade Zwiebeln und Knoblauch abziehen und fein würfeln. Crema di Balsamico mit Balsamico-Essig und Wasser verrühren, Zucker und Pfeffer unterrühren. Das Olivenöl unterschlagen und so lange weiterrühren, bis der Zucker sich aufgelöst hat. Dann die Zwiebel- und Knoblauchwürfel unterrühren.

Tipps: Besonders lecker ist die scharfe Nussmarinade zum Einlegen von Obst, z. B. von Kochbananen. Dazu 8 Kochbananen (etwa 1 ¼ kg) schälen und in 48 gleich große Stücke schneiden. Jedes Stück mit einer Scheibe Frühstücksspeck umwickeln und mit einem kleinen Spießchen fixieren. Die Kochbananenstücke mit Pfeffer bestreuen und mit der Marinade übergießen und etwas durchziehen lassen. Dann die Bananenstücke aus der Marinade nehmen, etwas abtropfen lassen und in Grillschalen (gefettet) legen. Die Grillschalen auf den Grillrost des heißen Grills stellen. Die Bananenstücke 10–15 Minuten grillen. Die Marinade mit den gerillten Kochbananenstücken servieren.
Die Zwiebel-Balsamico-Marinade eignet sich besonders zum Marinieren von Schweinerippchen oder Schweinebauchscheiben.

Insgesamt scharfe Nussmarinade: E: 73 g, F: 440 g, Kh: 142 g, kJ: 19968, kcal: 4762, BE: 11,0
Insgesamt Zwiebel-Balsamico-Marinade: E: 6 g, F: 101 g, Kh: 200 g, kJ: 7268, kcal: 1736, BE: 15,5

Tipps zum Vorbereiten

* Beide Marinaden halten sich gut verschlossen im Kühlschrank 3–4 Tage frisch und können so im Voraus vorbereitet werden.

* Fleischstücke können natürlich auch am Grillvorabend in die Marinade eingelegt werden und zugedeckt im Kühlschrank etwas länger durchziehen.

Blitzmarinaden-Zweierlei

Fruchtig – gut vorzubereiten

Zubereitungszeit: je 5 Minuten
für je etwa 1 kg Fleisch oder Fisch

Für die Joghurt-Ingwer-Marinade (im Bild vorne):

3 Knoblauchzehen
etwa 1 daumengroßes Stück Ingwer
etwa 5 Stängel Minze
250 g Joghurt (1,5 % Fett)
Schale und Saft von 1 Bio-Limette (unbehandelt, ungewachst)
½ TL gem. Kreuzkümmel (Cumin)
½ TL gem. Koriander
1 gestr. TL Cayennepfeffer
1 Prise Zucker

Für die Limetten-Majoran-Marinade (im Bild hinten):

1 Knoblauchzehe
2 Bio-Limetten (unbehandelt, ungewachst)
1–2 EL gerebelter Majoran
120 ml Olivenöl
gem. Pfeffer

01 Für die Joghurt-Ingwer-Marinade Knoblauch abziehen und fein würfeln. Ingwer schälen und fein reiben. Minze abspülen, trocken tupfen und die Blättchen von den Stängeln zupfen. Die Blättchen fein schneiden.

02 Knoblauchwürfel, Ingwer, Minze, Joghurt, Limettenschale und -saft, Kreuzkümmel, Koriander und Cayennepfeffer in eine Schüssel geben. Die Zutaten gut verrühren und mit Zucker würzen.

03 Für die Limetten-Majoran-Marinade Knoblauch abziehen und fein würfeln. Limetten heiß abwaschen, abtrocknen und die Schale fein abreiben. Die Limetten halbieren und den Saft auspressen. Knoblauchwürfel, Majoran, Olivenöl, Limettenschale und -saft in eine Schüssel geben. Die Zutaten verrühren, mit Pfeffer würzen.

Tipps: Jeweils das vorbereitete Grillgut in eine flache Schale oder Auflaufform legen. Die Marinade darübergießen. Das Grillgut zugedeckt im Kühlschrank mindestens 1 Stunde marinieren und nach der Hälfte der Marinierzeit einmal wenden.
Die Joghurt-Ingwer-Marinade passt zu: Lammkoteletts, Hähnchenbrustfilets, Hähnchenflügeln oder Fischfilets.
Die Limetten-Majoran-Marinade passt zu: Putenbrustfilets, Putenbrustschnitzeln, Hähnchenschenkeln, Fischfilets, Rinder-, Schweine-, Lamm- oder Kalbsteaks.

Insgesamt Joghurt-Ingwer-Marinade: E: 11 g, F: 11 g, Kh: 20 g, kJ: 1006, kcal: 240, BE: 1,5
Insgesamt Limetten-Majoran-Marinade: E: 2 g, F: 121 g, Kh: 13 g, kJ: 4798, kcal: 1146, BE: 0,5

Tipps zum Vorbereiten

* Die Grillstücke mit der Marinade in große Gefrierbeutel geben, die Beutel auslaufsicher verschließen und über Nacht in den Kühlschrank legen. Die Beutel ab und zu wenden.

Für die Honig-Ketchup-Marinade (im Bild oben links):

8–9 EL flüssiger Honig
2 EL brauner Zucker
3 EL Gewürz-Ketchup
2 EL Essig
1 TL Salz
1 TL mittelscharfer Senf

Für die Asia-Frucht-Marinade (im Bild unten links):

100 ml Ananassaft
80 g Currypaste (nicht unscharf!)
8 EL Speiseöl, z. B. Rapsöl

Für die einfache Sojamarinade (im Bild oben):

8 EL Sojasauce
2 EL brauner Zucker
8 EL Speiseöl, z. B. Olivenöl oder Keimöl

Für die Currymarinade (im Bild rechts):

8 EL Sojasauce
4 TL Currypulver
12 EL Olivenöl

Marinaden-Quartett

Einfach zum Reinlegen

Zubereitungszeit: je etwa 5 Minuten
für je etwa 1 kg Fleisch

01 Für die Marinaden jeweils die Zutaten in einer Schüssel verrühren. Das Fleisch je nach Konsistenz der Marinade einfach damit übergießen oder großzügig einstreichen. Dann alles zugedeckt für 1–2 Stunden im Kühlschrank durchziehen lassen. Dabei ab und zu das Fleisch wenden.

Tipps: Nach dem Grillen das Fleisch evtl. noch mit Salz würzen.
Die Honig-Ketchup-Marinade passt zu: Spareribs, Nackenkoteletts, Hähnchenschenkeln und -flügeln.
Die Asia-Frucht-Marinade passt zu: Hähnchenbrustfilets, Putenbrustfilets oder -schnitzeln, Schweinefilets.
Die einfache Sojamarinade passt zu: Hähnchenbrustfilets, Hähnchenflügeln, Putenbrustfilets oder -schnitzeln.
Die Currymarinade passt zu: Putenbrustfilets oder -schnitzeln, Hähnchenbrustfilets, Hähnchenflügeln, Schweinesteaks (Minutensteaks).

Insgesamt Honig-Ketchup-Marinade: E: 2 g, F: 0 g, Kh: 177 g, kJ: 3066, kcal: 731, BE: 15,0
Insgesamt asiatische Fruchtmarinade: E: 5 g, F: 90 g, Kh: 23 g, kJ: 3801, kcal: 908, BE: 2,0
Insgesamt einfache Sojamarinade: E: 8 g, F: 80 g, Kh: 37 g, kJ: 3733, kcal: 891, BE: 3,0
Insgesamt Currymarinade: E: 10 g, F: 121 g, Kh: 14 g, kJ: 4886, kcal: 1166, BE: 1,0

Tipps zum Vorbereiten

* Die Buttervariationen können 2–3 Tage vor der Grillparty zubereitet werden und im Kühlschrank auf ihren Einsatz warten.

Buttervariationen

Einfach und schnell gemacht

Zubereitungszeit: 35 Minuten
je 250–300 g

Für die Butter mit dreierlei Pfeffer:
250 g Butter (zimmerwarm)
1 TL abgetropfte, grüne Pfefferkörner (in Salzlake)
1 TL rosa Pfefferbeeren
1 TL gem. Pfeffer
Salz

Für die Tomatenbutter:
250 g Butter (zimmerwarm)
½ Zwiebel
1 Knoblauchzehe
2 TL Olivenöl
1 mittelgroße Tomate
1 TL Tomatenmark
etwas frisch gehackter Liebstöckel
Kräutersalz
gem. Pfeffer

01 Für die Butter mit dreierlei Pfeffer Butter in einer Rührschüssel mit einem Mixer (Rührstäbe) so lange schlagen, bis sich ihr Volumen verdoppelt hat und die Butter leicht weißlich geworden ist.

02 Pfefferkörner, Pfefferbeeren und Pfeffer gut unterrühren, mit Salz abschmecken. Die Buttermasse auf ein Stück Backpapier legen und zu einer Rolle formen. Die Enden zusammendrehen und fixieren. Butter im Kühlschrank fest werden lassen.

03 Für die Tomatenbutter die Butter in eine Rührschüssel geben, mit einem Mixer (Rührstäbe) schaumig schlagen. Zwiebel und Knoblauch abziehen, fein würfeln. Olivenöl in einer Pfanne erhitzen. Die Zwiebel- und Knoblauchwürfel darin glasig dünsten.

04 Tomate kreuzweise einschneiden und mit kochendem Wasser übergießen. Nach 1–2 Minuten herausnehmen und mit kaltem Wasser abschrecken. Tomate enthäuten, halbieren, entkernen. Stängelansatz herausschneiden. Fruchtfleisch fein würfeln.

05 Tomatenwürfel mit Zwiebel- und Knoblauchwürfeln pürieren, unter die Buttermasse rühren, mit Tomatenmark, Liebstöckel, Kräutersalz und Pfeffer abschmecken. Die Butter wie im oberen Rezept beschrieben weiterverarbeiten und kühlen.

Rezeptvarianten: Für **Koriander-Orangen-Butter** 250 g zimmerwarme Butter wie unter Punkt 1 beschrieben aufschlagen. Abgeriebene Schale von 1 Bio-Orange (unbehandelt, ungewachst) und 2 Esslöffel frisch gehackten Koriander gut unterrühren. Butter mit Salz und Pfeffer abschmecken, wie unter Punkt 2 beschrieben zu einer Rolle formen, einpacken und kühlen.
Für **Champignonbutter** 250 g zimmerwarme Butter, ½ Zwiebel, 1 abgezogene Knoblauchzehe und 2 Teelöffel Olivenöl wie unter Punkt 3 beschrieben verarbeiten. Etwa 70 g Champignons putzen, in Stücke schneiden, mit etwas Olivenöl in einer Pfanne kurz anbraten. Champignonstücke pürieren, erkalten lassen, unter die Buttermasse rühren, mit einem Spritzer Zitronensaft, Salz und Pfeffer kräftig abschmecken.

Tipps: Die Buttervariationen schmecken köstlich zu gegrillten Schweinesteaks, Putenspießen und Hähnchenbrustfilets.

Insgesamt Butter mit dreierlei Pfeffer: E: 1 g, F: 208 g, Kh: 3 g, kJ: 7936, kcal: 1897, BE: 0,0
Insgesamt Tomatenbutter: E: 2 g, F: 216 g, Kh: 5 g, kJ: 8275, kcal: 1977, BE: 0,0

BBQ-Saucen-Trio

Perfekte Grillbegleiter

Zubereitungszeit: 60 Minuten
je 12 Portionen

Tipps zum Vorbereiten

* Die Saucen etwa 1 Woche vor dem Grillen zubereiten, heiß in vorbereitete Gläser oder Flaschen füllen, mit Twist-off-Deckeln® verschließen, umdrehen und etwa 5 Minuten auf den Deckeln stehen lassen. Saucen erkalten lassen und in den Kühlschrank stellen.

Für die schnelle BBQ-Sauce (im Bild links, etwa 600 ml):

250 g Tomatenketchup
125 g Tomatenmark mit Chili
125 ml Sherryessig
3 EL Melasse (aus dem Reformhaus) oder Zuckerrübensirup
2 EL Worcestersauce
1 TL scharfer Senf

Für die Bier-BBQ-Sauce (im Bild oben, 400–500 ml):

1 kleine Zwiebel
1 Knoblauchzehe
1 Bio-Limette (unbehandelt, ungewachst)
250 g Tomatenketchup
250 g Sweet Chilisauce
330 ml helles Bier
2 EL Sherryessig
1 TL Chilipulver
1 TL gem. bunter Pfeffer

Für die Whiskey-BBQ-Sauce (im Bild unten, 500–600 ml):

1 Zwiebel
2 EL Olivenöl
250 g brauner Zucker
250 ml Sherryessig
250 ml Bourbon-Whiskey
250 g Tomatenketchup
5 EL sehr starker Espresso
Salz, Tabascosauce

01 Für die schnelle BBQ-Sauce alle Zutaten in einem Topf unter Rühren zum Kochen bringen und sirupartig einkochen lassen (10–15 Minuten).

02 Für die Bier-BBQ-Sauce Zwiebel und Knoblauch abziehen und sehr fein würfeln. Die Limette heiß abwaschen, abtrocknen und die Schale fein abreiben. Die Limette halbieren und den Saft auspressen. Zwiebel- und Knoblauchwürfel, Limettenschale und -saft mit den restlichen Zutaten in einem Topf unter Rühren zum Kochen bringen und bei mittlerer Hitze sirupartig einkochen lassen (20–30 Minuten).

03 Für die Whiskey-BBQ-Sauce die Zwiebel abziehen und sehr fein würfeln. Das Olivenöl in einem Topf erhitzen. Die Zwiebelwürfel darin glasig dünsten. Den Zucker hinzugeben und leicht karamellisieren lassen, mit Essig und Whiskey ablöschen.

04 Den Ketchup einrühren und alles bei mittlerer Hitze einkochen lassen, dabei gelegentlich umrühren, bis die Flüssigkeit sirupartig ist. Espresso hinzugeben und unterrühren. Die Sauce mit Salz und Tabasco abschmecken.

Tipps: Die BBQ-Saucen warm oder kalt servieren. Die Saucen schmecken ausgezeichnet zu Burgern, Spareribs und anderem gegrillten Fleisch.
Übrig gebliebene Saucenreste halten sich zugedeckt im Kühlschrank etwa 2 Wochen.

Pro Portion schnelle BBQ-Sauce: E: 1 g, F: 0 g, Kh: 11 g, kJ: 232, kcal: 55, BE: 1,0
Pro Portion Bier-BBQ-Sauce: E: 1 g, F: 0 g, Kh: 12 g, kJ: 344, kcal: 82, BE: 1,0
Pro Portion Whiskey-BBQ-Sauce: E: 1 g, F: 2 g, Kh: 26 g, kJ: 738, kcal: 176 , BE: 2,0

VORSICHT
SCHARF

Tipps zum Vorbereiten

* Der Senf lässt sich gut auf Vorrat zubereiten. Die Senfsaucen können dann auch schon 1–2 Wochen vor dem Grillen zubereitet werden.

Hausgemachter Senf

Aromatisches Mitbringsel

Zubereitungszeit: 25 Minuten, ohne Quell- und Durchziehzeit
Haltbarkeit: gekühlt und dunkel gestellt 2–3 Monate
4 Gläser je 200 ml

Zum Vorbereiten:
je 250 g weißes und schwarzes Senfmehl
750 ml Weißweinessig
Saft von 2 Zitronen

1 EL Kräutersalz
1 ½ EL fein gehackte Estragonblätter
1 TL gem. Pfeffer
je ¼ TL gem. Zimt und Nelken
1 Prise ger. Muskatnuss
3 EL flüssiger Blütenhonig
1–2 Knoblauchzehen (im Mörser mit etwas Salz zerstoßen)
5 abgezogene, fein gewürfelte Schalotten oder 3 kleine Zwiebeln
½ EL frisch ger. Meerrettich

01 Zum Vorbereiten Senfmehl mit Essig und Zitronensaft in einer Porzellan- oder Glasschüssel mischen, quellen lassen und je nach gewünschter Schärfe bis zu 7 Stunden zugedeckt bei Zimmertemperatur warm stellen.

02 Salz, Estragon, Pfeffer, Zimt, Nelken, Muskat, Honig, Knoblauch, Schalotten- oder Zwiebelwürfel und Meerrettich unter die Senfmehlmasse rühren.

03 Den Senf in vorbereitete Gläser füllen, mit Twist-off-Deckeln® verschließen. Den Senf mindestens 2 Wochen kalt gestellt durchziehen lassen, dabei dunkel aufbewahren.

Tipps: Der Senf schmeckt vorzüglich zu gegrillten Nackenkoteletts oder Bratwürstchen. Statt weißes und schwarzes Senfmehl können Sie auch braunes Senfmehl verwenden. Oder nehmen Sie dieses Rezept als Grundlage für andere Senfsaucen, z.B. scharfe oder süße Senfsauce.

Rezeptvarianten: Für eine **scharfe Senfsauce** (etwa 450 ml) 1 kleine gewürfelte, rote Chilischote mit 6 Esslöffeln vom hausgemachten Senf und je 120 ml heller Sojasauce und Sake (japanischer Reiswein) verrühren.
Für eine **süße Senfsauce** (etwa 500 ml) 12 Esslöffel hausgemachten Senf in einen Rührbecher geben und mit einem Mixer (Rührstäbe) 6 Esslöffel Reisweinessig unterrühren. 120 ml Olivenöl unter ständigem Schlagen in einem dünnen Strahl einlaufen lassen. Zuletzt 6 Esslöffel Mirin (süßer Reiswein) unterrühren.
Die Senfsaucen in vorbereitete Flaschen füllen und fest verschließen. Die Saucen einige Stunden (kalt und dunkel gestellt) durchziehen lassen. Vor Gebrauch kräftig schütteln.

Insgesamt: E: 33 g, F: 36 g, Kh: 51 g, kJ: 2924, kcal: 699, BE: 4,0

Tipps zum Vorbereiten

* Die Saucen sind zum Vorbereiten und auch zum Mitnehmen für eine Grillparty gut geeignet. Die Curry-Sauce ist in gut verschlossenen Flaschen im Kühlschrank etwa 2 Wochen haltbar. Die Saté-Sauce ist in gut verschlossenen Gläsern im Kühlschrank 3–4 Tage haltbar.

Blitzschnelle Curry- und Saté-Sauce

Pikant

Zubereitungszeit: je 10 Minuten
je 12 Portionen

Für die Curry-Sauce (im Bild links):
350 ml Wasser
2 EL indisches Currypulver
1 EL Paprikapulver rosenscharf
2 EL Sambal Oelek
2 EL Zucker
750 ml Tomatenketchup

Für die Saté-Sauce (im Bild rechts):
1–2 Knoblauchzehen
3 EL dunkles Sesamöl
1 ½ TL rote Currypaste
375 ml Kokosmilch
6 EL Erdnussbutter (Erdnusscreme, crunchy)
Salz
etwas Zucker

01 Für die Curry-Sauce Wasser, Currypulver, Paprikapulver, Sambal Oelek und Zucker in einen Topf geben. Die Zutaten unter Rühren einmal aufkochen lassen. Den Topf von der Kochstelle nehmen, das Ketchup einrühren. Die Curry-Sauce abkühlen lassen.

02 Für die Saté-Sauce Knoblauch abziehen und durch eine Knoblauchpresse drücken oder sehr fein hacken. Sesamöl in einem Topf erhitzen. Knoblauchwürfel und Currypaste hinzufügen und leicht dünsten, aber keine Farbe nehmen lassen.

03 Die Knoblauch-Curry-Mischung mit Kokosmilch ablöschen und einmal aufkochen lassen. Den Topf von der Kochstelle nehmen und die Erdnussbutter einrühren. Die Saté-Sauce mit Salz und Zucker würzen und abkühlen lassen.

Tipps: Ergibt etwa 1,2 Liter Curry-Sauce und etwa 600 ml Saté-Sauce.
Für etwas mehr Schärfe in der Curry-Sauce zusätzlich 1 kleines Bund Frühlingszwiebeln und 1 rote Chilischote abspülen und abtropfen lassen. Die Chilischote entkernen. Frühlingszwiebeln und Chilischote in feine Ringe schneiden und mit den anderen Zutaten aufkochen lassen.
Für die Saté-Sauce je nach Geschmack etwas mehr oder weniger Currypaste verwenden. Für eine cremigere Konsistenz etwas mehr Erdnussbutter einrühren.
Beide Saucen schmecken besonders gut zu Saté-Spießen.

Pro Portion Curry-Sauce: E: 2 g, F: 0 g, Kh: 21 g, kJ: 412, kcal: 98, BE: 2,0
Pro Portion Saté-Sauce: E: 3 g, F: 16 g, Kh: 4 g, kJ: 736, kcal: 178, BE: 0,5

Tipps zum Vorbereiten

* Die Dips können am Vortag zubereitet werden und zugedeckt im Kühlschrank durchziehen.

Verbene-Dip und Senf-Dill-Dip

1 x mit Alkohol

Zubereitungszeit: je 5–15 Minuten, ohne Durchziehzeit
Je 12 Portionen

Für den Verbene-Dip (im Bild oben):

1 Bund Zitronenverbene
200 g Frühlingszwiebeln
1 Zitrone
450 g Crème fraîche
1 geh. EL mittelscharfer Senf
200 ml trockener Weißwein
Salz
gem. Pfeffer

Für den Senf-Dill-Dip (im Bild vorne):

250 ml mittelscharfer Senf
8–10 EL flüssiger Honig
8 EL Sojasauce
3–4 EL fein geschnittene Dillspitzen

01 Für den Verbene-Dip Zitronenverbene abspülen, trocken tupfen und die Blättchen von den Stängeln zupfen. Die Blättchen fein schneiden.

02 Frühlingszwiebeln putzen, abspülen, abtropfen lassen und in feine Scheiben schneiden.

03 Die Zitrone halbieren und den Saft auspressen. Crème fraîche mit Weißwein und Zitronensaft verrühren, mit Senf, Salz und Pfeffer abschmecken. Zitronenverbene und Frühlingszwiebelscheiben unterrühren, das Ganze etwa 15 Minuten durchziehen lassen.

04 Für den Senf-Dill-Dip Senf mit Honig, Sojasauce und Dill verrühren.

Tipps: Wenn Sie keine Zitronenverbene bekommen, dann können Sie den Dip auch mit Zitronenmelisse zubereiten.
Die Dips passen gut zu gegrilltem Fisch, gegrillten Garnelen und Steaks. Die beiden Dips sind auch als Marinaden einsetzbar und reichen dann zum Einstreichen für je etwa 1 kg Fleischstücke oder Fischfilets.

Pro Portion Verbene-Dip: E: 1 g, F: 11 g, Kh: 3 g, kJ: 544, kcal: 132, BE: 0,0
Pro Portion Senf-Dill-Dip: E: 2 g, F: 1 g, Kh: 13 g, kJ: 294, kcal: 70, BE: 1,0

Brotbeilagen & Süßes vom Grill

Hier kommen die Leckereien, die das Grillen abrunden und den süßen Abschluss einleiten. Gefülltes Fladenbrot ist rasch gemacht und schnell gegrillt. Es schmeckt als Beilage zum Grillsalat aber auch solo. Mit süßen Hamburgern ergeht es Vielen ähnlich: Sie sind der optimale Nachtisch oder für Süßschnäbel das Beste gegrillte Hauptgericht.

Tipps zum Vorbereiten

* Die Spieße können auch 2–3 Stunden vor dem Grillen bis einschließlich Punkt 3 zubereitet werden. Die Spieße dann in Frischhaltefolie gewickelt in den Kühlschrank legen.

* Oder die Spieße im Backofen backen, erkalten lassen und einfrieren. Dann die Spieße etwa 30 Minuten vor dem Grillen aus dem Gefrierschrank nehmen und auf dem Grill aufbacken.

Pizza-Pralinen am Spieß

Kleiner Snack

Zubereitungszeit: 35 Minuten
Teiggehzeit: 30–40 Minuten
Grillzeit: 30–40 Minuten
12 Portionen (12 Spieße)

Für den Hefeteig:
500 g Weizenmehl
1 Pck. Dr. Oetker Trockenbackhefe
½ TL Salz
250 ml lauwarmes Wasser
je 1 TL gerebelter Thymian, Majoran und gem. Zitronen-Pfeffer oder 2–3 TL Pizza-Gewürzmischung
125 g Kräuterbutter

Außerdem:
12 Grillspieße (z. B. Bambusspieße 15–20 cm, über Nacht in Wasser eingelegt, oder Metallspieße)
Grillschalen
Alufolie

01 Für den Hefeteig Mehl in eine Rührschüssel geben, mit Trockenbackhefe und Salz sorgfältig vermischen. In die Mitte eine Vertiefung drücken und das lauwarme Wasser dazugießen. Die Zutaten mit einem Mixer (Knethaken) zunächst auf niedrigster, dann auf höchster Stufe in etwa 5 Minuten zu einem glatten Teig verarbeiten. Den Teig zugedeckt so lange an einem warmen Ort gehen lassen, bis er sich sichtbar vergrößert hat, 30–40 Minuten.

02 Thymian mit Majoran und Pfeffer mischen.

03 Den Teig auf einer leicht bemehlten Arbeitsfläche nochmals gut durchkneten. Aus dem Teig 36 kleine, gleich große Kugeln formen. Jeweils 3 Teigkugeln auf einen Spieß stecken.

04 Die Kräuterbutter zerlassen. Die Teigkugeln mit der Kräuterbutter rundherum einstreichen und mit der Kräutermischung bestreuen. Die Spieße in Grillschalen (gefettet) legen.

05 Die Grillschalen mit Alufolie zudecken, auf den Grillrost des heißen Grills setzen. Die Spieße bei nicht zu starker Hitze 30–40 Minuten grillen (backen).

Pro Portion: E: 5 g, F: 9 g, Kh: 31 g, kJ: 961, kcal: 230, BE: 2,5

Tipps zum Vorbereiten

* Etwa 3 Stunden vor dem Grillen alle Zutaten für das Tomatengrillbrot vorbereiten und zugedeckt bereitstellen.

Katalanisches Tomatengrillbrot

Einfach & lecker

Zubereitungszeit: 30 Minuten, ohne Röstzeit
12 Portionen

12 Knoblauchzehen
6 Tomaten (etwa 660 g)
24 Scheiben Baguette, schön lang geschnitten
etwa 180 ml Olivenöl
etwas grobes Meersalz
gem. Pfeffer

01 Den Knoblauch abziehen. Die Tomaten abspülen, abtrocknen, halbieren und die Stängelansätze herausschneiden.

02 Die Baguettescheiben auf den Grillrost (gefettet) des heißen Grills legen und von jeder Seite kurz goldgelb rösten.

03 Die Baguettescheiben vom Grill nehmen und sofort mit dem abgezogenen Knoblauch einreiben. So lange reiben, bis nichts mehr von dem Knoblauch übrig ist.

04 Anschließend die Baguettescheiben mit den angeschnittenen Seiten der Tomatenhälften einreiben und mit Olivenöl beträufeln. Die Baguettescheiben mit Meersalz und Pfeffer bestreuen und sofort servieren.

Tipps: Die Brotscheiben zusätzlich mit frisch gehobeltem Parmesan und/oder vorbereitetem Rucola (Rauke) bestreuen.
Die Tomatenhälften nach dem Abreiben auf den heißen Grill legen und kurz mitgrillen. Tomaten mit Salz und Pfeffer würzen und zu Grillfleisch oder -fisch servieren.

Rezeptvariante: Reichen Sie die gerösteten und mit Knoblauch eingeriebenen Baguettescheiben mit **Schafskäsetatar:** Dafür 400 g Schafskäse in kleine Würfel schneiden. Je 2 Zwiebeln und Knoblauchzehen abziehen und fein würfeln. 50 g entsteinte schwarze Oliven in kleine Stücke schneiden. 1 Bund glatte Petersilie abspülen, trocken tupfen und die Blättchen von den Stängeln zupfen. Blättchen fein schneiden. Die Schafskäse-, Zwiebel- und Knoblauchwürfel mit 6 Esslöffeln Olivenöl verrühren, dabei den Schafskäse mit einer Gabel fein zerdrücken. Die Olivenstücke und die geschnittene Petersilie unterheben. Das Schafskäsetatar mit Pfeffer abschmecken. Zum Vorbereiten kann das Schafskäsetatar 2 Tage vor dem Grillen zubereitet und in gründlich gereinigte, gespülte und getrocknete Gläser gefüllt werden. Die Gläser mit Deckeln fest verschließen und in den Kühlschrank stellen.

Pro Portion: E: 3 g, F: 16 g, Kh: 22 g, kJ: 1001, kcal: 239, BE: 1,5

Tipps zum Vorbereiten

* Bereiten Sie die Teigspiralen bis einschließlich Punkt 3 vor. Dann die Teigspiralen in Frischhaltefolie einwickeln und in den Kühlschrank stellen. Die Teigspiralen etwa 30 Minuten vor dem Grillen aus dem Kühlschrank nehmen.

* Oder den Hefeteig über Nacht im Kühlschrank gehen lassen: Dazu den Hefeteig nicht aus zimmerwarmen, sondern kalten Zutaten zubereiten. Dann den Teig in einer ausreichend großen Schüssel mit einem feuchten Geschirrtuch oder mit Frischhaltefolie zugedeckt über Nacht im Kühlschrank gehen lassen.

Spiralbrote am Bambusstab

Klassiker mal anders

Zubereitungszeit: 20 Minuten
Teiggehzeit: etwa 30 Minuten
Grillzeit: etwa 30 Minuten
12 Spiralbrote

Für den Hefeteig:
500 g Weizenmehl
1 Pck. Dr. Oetker Trockenbackhefe
½ TL Salz
250 ml lauwarmes Wasser
3 Stängel Thymian
3 Zweige Rosmarin
100 ml Olivenöl
grobes Meersalz

Außerdem:
12 Bambusstäbe (25–30 cm lang)
Grillschalen oder Grillbleche

01 Für den Hefeteig Mehl in eine Rührschüssel geben, mit Trockenbackhefe und Salz sorgfältig vermischen. In die Mitte eine Vertiefung drücken und das lauwarme Wasser hinzugießen. Die Zutaten mit einem Mixer (Knethaken) zunächst auf niedrigster, dann auf höchster Stufe in etwa 5 Minuten zu einem glatten Teig verarbeiten. Den Teig zugedeckt so lange an einem warmen Ort gehen lassen, bis er sich sichtbar vergrößert hat, etwa 30 Minuten.

02 Thymian und Rosmarin abspülen, trocken tupfen und die Blättchen von den Stängeln zupfen. Die Blättchen klein schneiden.

03 Den Teig auf einer leicht bemehlten Arbeitsfläche nochmals gut durchkneten und zu einer dicken Rolle formen. Den Teig in 12 gleich große Portionen teilen. Die Teigportionen zu fingerdicken, etwa 50–60 cm langen Streifen rollen. Jeden Bambusstab mit einem Teigstreifen umwickeln, dabei die Enden fest an den Stab andrücken.

04 Die Teigspiralen rundherum mit Olivenöl einstreichen, mit den Kräutern und dem Salz bestreuen, in Grillschalen (gefettet) oder Grillbleche (gefettet) legen. Die Grillschalen oder -bleche mit Alufolie zudecken.

05 Die Grillschalen oder -bleche auf den Grillrost des heißen Grills legen. Die Teigspiralen etwa 30 Minuten grillen (backen), dabei nach der Hälfte der Grillzeit wenden.

Tipps: Zum „Gehenlassen" des Hefeteiges ist ein Platz an der Heizung oder der Backofen bei Ober-/Unterhitze: maximal 50 °C (dabei die Backofentür mit einem Holzlöffel einen Spalt geöffnet halten) gut geeignet.

Rezeptvariante: Für **arabische Stockbrote** (im Bild links) 2–4 Teelöffel arabische Gewürzmischung unter den Hefeteig kneten. Die Teigspiralen wie im Rezept beschrieben zubereiten und mit Olivenöl einstreichen. Dann die Teigspiralen statt mit den Kräutern mit einer Mischung aus 1 Teelöffel arabischer Gewürzmischung und grobem Meersalz bestreuen und grillen.

Pro Spiralbrot: E: 5 g, F: 9 g, Kh: 31 g, kJ: 928, kcal: 222, BE: 2,5

Tipps zum Vorbereiten

* Die gefüllten, in Alufolie gewickelten Brotviertel können Sie 2–3 Stunden vor dem Grillen zubereiten und kühl stellen.

Gefüllte Fladenbrote

Schnell gemacht

Zubereitungszeit: 30 Minuten
Grillzeit: etwa 10 Minuten
12 Portionen

3 Zucchini (etwa 750 g)
3 Bund Frühlingszwiebeln (etwa 450 g)
3 EL Olivenöl
Salz
gem. Pfeffer
3 runde Fladenbrote (je etwa 500 g)
600 g Doppelrahm-Frischkäse mit Kräutern

Außerdem:
12 große Bögen Alufolie

01 Die Zucchini abspülen, trocken tupfen und die Enden abschneiden. Zucchini der Länge nach halbieren, in dünne Scheiben schneiden.

02 Frühlingszwiebeln putzen, abspülen, abtropfen lassen und in dünne Scheiben schneiden.

03 Das Öl in einer großen Pfanne erhitzen. Die Zucchinischeiben darin evtl. portionsweise bei mittlerer Hitze anbraten, mit Salz und Pfeffer würzen. Frühlingszwiebelscheiben unterheben. Das Zucchini-Zwiebel-Gemüse aus der Pfanne nehmen.

04 Die Brote vierteln. Die Viertel aufschneiden und alle Ober- und Unterteile mit dem Frischkäse bestreichen. Das etwas abgekühlte Gemüse auf den 12 Unterteilen verteilen. Die oberen Brotstücke mit der bestrichenen Seite nach unten darauflegen.

05 Die gefüllten Brotviertel in Alufolie wickeln und am Rand auf den Grillrost des heißen Grills legen. Die Fladenbrote bei mittlerer Hitze etwa 10 Minuten unter Wenden grillen. Die Brotviertel auspacken, nach Belieben nochmals durchschneiden und servieren.

Beilagen-Tipp: Reichen Sie einen selbst gemachten **Zaziki** dazu. Dafür 3 Salatgurken schälen und die Enden abschneiden. Gurken längs halbieren, entkernen und fein raspeln. 9–10 Knoblauchzehen abziehen und durch eine Knoblauchpresse drücken oder sehr fein hacken. 1 ½ kg Joghurt mit Gurke und Knoblauch vermengen, mit Salz und Pfeffer abschmecken.

Rezeptvariante: Für ein **gefülltes Tunfisch-Fladenbrot** zusätzlich 3 Dosen Tunfisch in Öl (Füllgewicht je 195 g) gut abtropfen lassen. Den abgetropften Tunfisch mit einer Gabel etwas zerteilen und zusätzlich auf die belegten Brotstücke geben.

Pro Portion: E: 14 g, F: 16 g, Kh: 65 g, kJ: 1944, kcal: 464, BE: 5,0

Tipps zum Vorbereiten

* Der Salat kann fertig zubereitet 3–4 Stunden zugedeckt kühl gestellt durchziehen.

* Der Hefeteig kann im Kühlschrank über Nacht gehen. Dazu den Teig nicht aus zimmerwarmen, sondern kalten Zutaten zubereiten. Dann den Teig in einer ausreichend großen Schüssel mit einem feuchten Geschirrtuch oder mit Frischhaltefolie zugedeckt über Nacht im Kühlschrank gehen lassen.

Mediterrane Fladenbrote mit Salat

Genuss wie im Urlaub

Zubereitungszeit: 1 Stunde
Teiggehzeit: etwa 30 Minuten
Grillzeit: etwa 10 Minuten (je Grillschale oder Grillblech)
12 Portionen (24 Fladen)

Für den Hefeteig:
1 kg Weizenmehl
2 Pck. Dr. Oetker Trockenbackhefe
½ TL Salz
500 ml lauwarmes Wasser

Für den Tomaten-Basilikum-Salat:
etwa 2 kg Tomaten
1 Topf Basilikum
100 ml Crema di Balsamico
100 ml heller Balsamico-Essig
Salz
gem. Pfeffer
250 ml Olivenöl
4 Zweige Rosmarin
1 Bund Majoran
2 EL rosa Pfefferbeeren
1 EL grobes Meersalz
200 ml Olivenöl

Außerdem:
Grillschalen ohne Löcher oder Grillbleche
Alufolie

01 Für den Teig Mehl in einer Rührschüssel mit Trockenbackhefe und Salz vermischen. In die Mitte eine Vertiefung drücken, lauwarmes Wasser hinzugießen. Die Zutaten mit einer Küchenmaschine (Knethaken) zunächst auf niedrigster, dann auf höchster Stufe in etwa 5 Minuten zu einem glatten Teig verarbeiten. Oder die Teigzutaten halbieren und jeweils mit einem Mixer (Knethaken) zunächst auf niedrigster, dann auf höchster Stufe in etwa 5 Minuten zu einem glatten Teig verarbeiten.

02 Den Teig zugedeckt so lange an einem warmen Ort gehen lassen, bis er sich sichtbar vergrößert hat, etwa 30 Minuten.

03 Inzwischen für den Salat Tomaten abspülen, abtropfen lassen, halbieren und die Stängelansätze herausschneiden. Die Tomaten in Stücke schneiden. Basilikum abspülen, trocken tupfen und die Blättchen von den Stängeln zupfen. Einige Blättchen zum Garnieren beiseitelegen. Die restlichen Blättchen fein schneiden. Crema di Balsamico mit Essig verrühren, mit Salz und Pfeffer würzen, das Olivenöl unterschlagen. Das Dressing mit den Tomatenstücken und Basilikumblättchen vermischen.

04 Rosmarin und Majoran abspülen, trocken tupfen. Nadeln und Blättchen von den Stängeln zupfen, klein schneiden, 2 Esslöffel davon mit rosa Pfefferbeeren und Meersalz mischen. Die Kräutermischung beiseitestellen.

05 Den Teig auf einer leicht bemehlten Arbeitsfläche nochmals gut durchkneten, restliche Kräuter unterkneten. Teig zu einer dicken Rolle formen und in 24 gleich große Portionen teilen. Diese zu dünnen Fladen formen, von beiden Seiten mit etwas Olivenöl bestreichen, in Grillschalen (gefettet) oder Grillbleche (gefettet) legen.

06 Die Grillschalen oder Grillbleche auf den Grillrost des heißen Grills legen. Die Fladen bei nicht zu starker Hitze je etwa 10 Minuten grillen (backen). Die Teigfladen einmal wenden. Nach dem Wenden die Fladen nochmals mit etwas Olivenöl bestreichen und

(Fortsetzung auf Seite 143)

Pro Portion: E: 11 g, F: 41 g, Kh: 72 g, kJ: 2959, kcal: 706, BE: 5,5

(Fortsetzung von Seite 141)

mit der beiseitegestellten Kräutermischung bestreuen. Die Grillschalen oder Grillbleche mit Alufolie zudecken.

07 Den Tomaten-Basilikum-Salat mit den beiseitegelegten Basilikumblättchen garnieren und zu den Fladenbroten servieren.

Tipps zum Vorbereiten

* Den Teig können Sie bereits 4–5 Stunden vorher zubereiten und zugedeckt in den Kühlschrank stellen. Den Teig etwa 30 Minuten vor dem Grillen aus dem Kühlschrank nehmen, warm gestellt noch etwa 15 Minuten gehen lassen und dann wie beschrieben zu Stockbroten verarbeiten.

Stockbrot

Beliebter Klassiker

Zubereitungszeit: 30 Minuten
Teiggehzeit: etwa 30 Minuten
Grillbackzeit: 12–15 Minuten
etwa 12 Stockbrote

1 kg Weizenmehl
2 Pck. Dr. Oetker Trockenbackhefe
1 TL Zucker
1 gestr. EL Salz
etwa 150 g Butter oder Margarine (zimmerwarm)
500 ml lauwarme Milch (3,5 % Fett)

Außerdem:
12 Stöcke (80–100 cm lang, Ø 1–2 cm, z. B. Weide oder Haselnuss)
evtl. Alufolie

01 Weizenmehl mit Hefe, Zucker und Salz in einer Rührschüssel vermischen. Butter oder Margarine in Stücken und Milch hinzugeben. Die Zutaten mit einer Küchenmaschine (Knethaken) zunächst kurz auf niedrigster, dann auf höchster Stufe in etwa 5 Minuten zu einem glatten Teig verarbeiten. Oder die Teigzutaten halbieren und jeweils mit einem Mixer (Knethaken) verarbeiten.

02 Den Teig zugedeckt so lange an einem warmen Ort gehen lassen, bis er sich sichtbar vergrößert hat, etwa 30 Minuten.

03 Die Stöcke säubern und evtl. fest mit Alufolie umwickeln.

04 Den Teig in 12 gleich große Portionen teilen und diese zu langen dünnen Rollen formen. Die Rollen spiralförmig, jeweils an der Spitze beginnend, um die vorbereiteten Stöcke wickeln. Der Teig darf nicht zu dick sein, damit er gleichmäßig backen kann, ohne zu verbrennen.

05 Die so vorbereiteten Stockbrote, unter ständigem Drehen, 12–15 Minuten über der Glut des Grills oder des Lagerfeuers backen. Es sollten keine Flammen mehr hochschlagen, da das Stockbrot sonst außen zu dunkel wird und der Teig direkt am Holz noch nicht durchgebacken ist.

Rezeptvariante: Für **Curry-Zwiebel-Stockbrote** zusätzlich 2 sehr fein gewürfelte Zwiebeln in 1–2 Esslöffeln Speiseöl andünsten, mit 1–2 Esslöffeln mildem Currypulver bestäuben. Diese Mischung unter den vorbereiteten Stockbrotteig kneten.

Pro Stockbrot: E: 10 g, F: 13 g, Kh: 63 g, kJ: 1714, kcal: 409, BE: 5,0

Tipps zum Vorbereiten

* Bereiten Sie die Tomaten-Sardellen-Mischung 2–3 Stunden vor dem Grillen zu und stellen Sie diese zugedeckt in den Kühlschrank.

Bruschetta mit Sardellen

Knusprig – mediterran

Zubereitungszeit: 20 Minuten
12 Portionen (24 Stück)

6 Knoblauchzehen
etwa 2 kg Tomaten
24 abgetropfte Sardellenfilets in Öl
Salz
gem. Pfeffer
12 EL Olivenöl
24 Scheiben Baguette
etwas Olivenöl zum Beträufeln
einige vorbereitete Basilikumblätter

01 Den Knoblauch abziehen. Tomaten abspülen, abtrocknen, halbieren, vierteln und die Stängelansätze herausschneiden. Tomatenviertel entkernen und in etwa 1 cm kleine Würfel schneiden. Tomatenwürfel in eine Schüssel geben.

02 Die Sardellen in grobe Stücke hacken, zu den Tomatenwürfeln geben und vermischen. Die Tomaten-Sardellen-Mischung mit Salz und Pfeffer würzen. Das Olivenöl unterrühren.

03 Die Baguettescheiben auf den Grillrost (gefettet) des heißen Grills legen und von jeder Seite kurz goldgelb rösten. Die Baguettescheiben während des Röstens mit etwas Olivenöl bestreichen.

04 Die Baguettescheiben vom Grill nehmen und sofort mit dem abgezogenen Knoblauch einreiben. So lange reiben, bis nichts mehr von dem Knoblauch übrig ist.

05 Die Tomaten-Sardellen-Mischung evtl. etwas abtropfen lassen, auf den Baguettescheiben verteilen, mit Basilikumblättern garnieren und sofort servieren.

Tipps: Zusätzlich etwa ½ Teelöffel Tomatenmark zu der Tomaten-Sardellen-Mischung geben.
Statt Baguette können Sie auch Ciabatta oder frisches Landbrot verwenden.
Wenn Sie keine Sardellen mögen, können Sie diese ersatzlos weglassen.

Pro Portion: E: 6 g, F: 18 g, Kh: 24 g, kJ: 1170, kcal: 279, BE: 1,5

Tipps zum Vorbereiten

* Ananasscheiben und Nektarinenspalten können 2–3 Stunden vor dem Grillen in Scheiben bzw. in Spalten geschnitten und mit dem Chiliöl mariniert werden. Das Obst dann zugedeckt kühl stellen.

Süße Hamburger

Fruchtig gefüllt

Zubereitungszeit: 35 Minuten
Grillzeit: 15–20 Minuten
12 Portionen

etwa 600 g frisches Ananasfruchtfleisch (ohne Strunk und Schale)
3 Nektarinen
etwa 50 ml Speiseöl, z. B. Sonnenblumenöl
1 TL Chiliflocken

12 Hamburger Brötchen
300 ml Bienenhonig
100 g gehackte Nüsse

Außerdem:
Grillschalen ohne Löcher

01 Ananas in 12 gleich dicke Scheiben (je etwa 50 g) schneiden. Nektarinen abspülen, trocken tupfen und vierteln. Die Steine herauslösen. Die Nektarinenviertel noch einmal längs halbieren.

02 Das Speiseöl mit den Chiliflocken verschlagen. Die Ananasscheiben und Nektarinenspalten dünn mit dem Chiliöl rundherum einstreichen und in den Grillschalen verteilen.

03 Die Grillschalen auf den Rost des heißen Grills stellen. Das Obst 15–20 Minuten grillen, dabei das Obst nach etwa der Hälfte der Zeit wenden.

04 Die Hamburger Brötchen waagerecht halbieren und auf dem Grill leicht anrösten. Dann die Innenseiten der Brötchen jeweils mit etwas Bienenhonig beträufeln.

05 Auf jede Unterseite eine Scheibe gegrillte Ananas und zwei Nektarinenspalten legen. Die oberen Brötchenhälften darauflegen, leicht mit Honig bestreichen, mit den gehackten Nüssen bestreuen.

Tipps: Statt der klassischen Hamburger Brötchen schmecken auch Weizentoasties oder runde Milchbrötchen sehr gut mit dem gegrillten Obst.

Pro Portion: E: 5 g, F: 10 g, Kh: 54 g, kJ: 1375, kcal: 329, BE: 4,5

Tipps zum Vorbereiten

* Die Bananen bereits 4–5 Stunden vor dem Grillen einpacken und kühl stellen.

Beschwipste Schokobanane

So schlicht, so großartig

Zubereitungszeit: 20 Minuten
Grillzeit: 15–20 Minuten
12 Portionen

12 reife Bananen
48 Stücke Zartbitter- oder Vollmilch-Schokolade
120 ml Eierlikör

Außerdem:
12 Bögen Alufolie

01 Die Bananen auf die Arbeitsfläche legen und der Länge nach knapp zwei Drittel tief einschneiden. Die eingeschnittenen Bananen etwas aufdrücken (damit später nicht zu viel von der Schokolade aus der Banane läuft).

02 Dann jeweils 4 Schokoladenstücke in die Spalten der Bananen setzen und jede Banane in einen Bogen Alufolie einpacken.

03 Die Bananen auf dem Grillrost des heißen Grills im Randbereich 15–20 Minuten grillen, dabei die Bananen nicht drehen.

04 Die gegrillten Bananen vom Grill nehmen, die Alufolie an der Oberseite öffnen und aufklappen. Die Bananen mit Eierlikör beträufeln und servieren.

Tipps: Die vorbereiteten Bananen vor dem Verpacken noch mit Zimtpulver bestäuben. Statt Zartbitter- und Vollmilch-Schokolade schmeckt auch andere Schokolade, z. B. Nuss-Schokolade oder Nuss-Nougat-Creme lecker. Soll die Schokobanane ohne Alkohol zubereitet werden, dann den Eierlikör einfach weglassen.

Pro Portion: E: 3 g, F: 6 g, Kh: 31 g, kJ: 857, kcal: 205, BE: 2,5

Tipps zum Vorbereiten

* Die Marshmallows schon einige Stunden vor dem Grillen auf die Spieße stecken und auch die Kekse bereitstellen.

Marshmallow-Sandwiches

Süßer Abschluss

Zubereitungszeit: 20 Minuten
12 Stück

24 große Marshmallows
24 Butterkekse
(mit oder ohne Schokolade)

Außerdem:
12 Bambusspieße
(etwa 25 cm, über Nacht in Wasser eingelegt)

01 Je 2 Marshmallows direkt nebeneinander auf einen Spieß stecken.

02 Die Marshmallow-Spieße über den heißen Grill oder das Lagerfeuer halten und dabei immer wieder drehen. Die Marshmallows so lange erhitzen, bis sie leicht bräunen und auf dem Spieß zu rutschen beginnen.

03 Je 2 Kekse wie ein Sandwich an die beiden Marshmallows legen und andrücken. Die Marshmallows mit den Keksen vom Spieß ziehen. Die Marshmallow-Sandwiches noch warm essen.

Tipps: Die Marshmallows vorsichtig essen, sie sind besonders innen sehr heiß!
Für diesen kleinen süßen Snack eigenen sich verschiedene Kekse. Besonders lecker sind dünne, knusprige Kekse.

Rezeptvariante: Für leckere **Marshmallow-Cookie-Sandwiches** brauchen Sie 12 Marshmallows und 24 Cookies. Die Marshmallows in Grillschalen (gefettet) geben. Die Grillschalen auf den Grillrost stellen. Die Marshmallows unter Wenden kurz grillen. Je einen Marshmallow sofort zwischen zwei Cookies legen und etwas zusammendrücken.
Sie möchten die Cookies dazu selbst backen? Dann haben wir hier folgendes Rezept dazu. Für den Teig 75 g zimmerwarme Butter oder Margarine mit einem Mixer (Rührstäbe) auf höchster Stufe geschmeidig rühren. Nach und nach 110 g Zucker unterrühren, so lange rühren, bis eine gebundene Masse entstanden ist. 1 Ei (Größe M) etwa ½ Minute unterrühren. Dann 100 g Weizenmehl unterrühren. Zum Schluss noch 50 g gehackte Nusskerne, 50 g fein gehackte Schokolade und 30 g Schokotropfen unter den Teig rühren. Den Teig mithilfe von 2 Löffeln mit genügend Abstand (der Teig läuft beim Backen etwas auseinander) auf Backbleche (mit Backpapier belegt) setzen. Die Cookies im vorgeheizten Backofen bei Ober-/Unterhitze: etwa 180 °C, Heißluft: etwa 160 °C etwa 15 Minuten je Backblech backen. Die Cookies auf Kuchenrosten erkalten lassen. Aus der Teigmasse erhalten Sie etwa 30 Cookies.

Pro Stück: E: 2 g, F: 3 g, Kh: 21 g, kJ: 492, kcal: 118, BE: 2,0

Tipps zum Vorbereiten

* Die Croissants wie unter Punkt 1 beschrieben 3–4 Stunden vor dem Grillen vorbereiten.

Croissants mit Nuss-Nougat-Füllung

Schnell zubereitet

Zubereitungszeit: 30 Minuten
Grillzeit: 10–15 Minuten
12 Portionen

12 Croissants (abgepackt, je 50 g)
400 g Nuss-Nougat
2 EL Aprikosenkonfitüre
2 EL Schokoflocken (etwa 25 g)
2 EL Hagelzucker (etwa 20 g)

Außerdem:
12 Bögen Alufolie

01 In die Croissants längs mithilfe eines Kochlöffelstieles jeweils ein tiefes Loch bohren. Nuss-Nougat längs in 12 Stangen schneiden, diese halbieren und jeweils 2 Stücke in die Croissant-Löcher schieben. Jedes Croissant in einen Bogen Alufolie einpacken.

02 Die Croissant-Päckchen auf den Grillrost des vorgeheizten Grills legen und bei nicht zu starker Hitze 10–15 Minuten grillen.

03 Die Aprikosenkonfitüre durch ein feines Sieb streichen, mit etwas Wasser verrühren und in einem kleinen Topf unter Rühren erhitzen.

04 Die Alufolie öffnen und die gegrillten Croissants mit der warmen Aprikosenkonfitüre bestreichen, mit Schokoflocken und Hagelzucker bestreuen.

Tipps: Die Croissants können auch auf Doppelspieße aufgesteckt werden und „schwebend" über dem heißen Grill bewegt werden, bis die Nougatmasse beginnt sich zu verflüssigen.

Beilagen-Tipp: Dazu einen erfrischenden **Obstsalat** reichen. Dazu von 6 Orangen die Schale mit einem Messer rundherum abschneiden, dabei die weiße Haut mit entfernen. Die Orangenfilets herauslösen. 300 g kernlose Weintrauben abwaschen und gut abtropfen lassen. Die Weintrauben evtl. halbieren. 3 große Birnen abspülen, abtrocknen, vierteln und entkernen. Die Birnenviertel in dünne Scheiben schneiden. Die Obststücke mit 1 Esslöffel geschnittenen Zitronenmelisseblättchen und 2 Esslöffeln Crema di Balsamico vorsichtig vermischen. Je nach Geschmack und Jahreszeit die Weintrauben z. B. durch Erdbeeren ersetzten.

Pro Portion: E: 5 g, F: 21 g, Kh: 47 g, kJ: 1720, kcal: 401, BE: 4,0

Tipps zum Vorbereiten

* Die Birnen können Sie 2–3 Stunden vor dem Grillen bis einschließlich Punkt 3 vorbereiten. Die vorbereiteten Birnenpäckchen kühl stellen.

Grillbirne in Zimtbutter

Heiß trifft Eis

Zubereitungszeit: 50 Minuten
Grillzeit: 30–40 Minuten
12 Portionen

12 feste, nicht zu reife Birnen (z. B. Williams Christbirnen, je etwa 250 g)
3 l Wasser
300 ml Weißwein
90–100 ml Zitronensaft
100 g Zucker

180 g Butter (zimmerwarm)
½–1 TL gem. Zimt
30–40 g Zucker

etwa 1 ¼ kg Walnuss-Eis

Außerdem:
12 Bögen Alufolie

01 Die Birnen abspülen, abtrocknen, längs halbieren, mit einem Kugelausstecher die Kerngehäuse entfernen und die Blütenansätze herausschneiden.

02 Wasser in einem großen Topf zum Kochen bringen. Weißwein, Zitronensaft und Zucker unterrühren. Die Birnenhälften portionsweise in dem kochenden Sud etwa 5 Minuten garen. Dann die Birnenhälften in einem Sieb abtropfen lassen.

03 Die Butter mit dem Zimt und dem Zucker verrühren. Jeweils 2 Birnenhälften auf einen Bogen Alufolie setzen, jeweils mit etwas Zimtbutter bestreichen und in der Alufolie einwickeln.

04 Die Birnenpäckchen auf den Grillrost des heißen Grills legen und 30–40 Minuten grillen.

05 Zum Servieren die Birnenpäckchen öffnen, die Birnenhälften mit der restlichen Zimtbutter bestreichen und mit dem Walnuss-Eis servieren.

Tipp: Anstelle von Williams Christbirnen, können Sie auch andere festfleischige Birnen verwenden.

Pro Portion: E: 6 g, F: 29 g, Kh: 58 g, kJ: 2153, kcal: 515, BE: 5,0

Ratgeber

Tipps zum Grill-Event in großer Runde

Die große Grillrunde ist eingeladen oder hat sich spontan bei Ihnen versammelt: Neben ausreichend Getränken, Grillgut und den dazugehörigen Beilagen ist eine ausreichend große Grillfläche von Bedeutung. So entstehen beim Essen keine langen Wartezeiten und niemand muss sich hinten anstellen. Stellen Sie evtl. einen zweiten oder dritten Grill bereit. Sie kommen zum Einsatz, wenn der erste Grill nicht mehr genug Hitze abgibt oder Sie eine zusätzliche Möglichkeit zum Warmhalten brauchen.

Das Grillgut

- Ganz gleich, ob Sie Fleisch, Fisch oder Vegetarisches grillen: Große Grillmengen erfordern eine optimale Planung, z. B. beim Einkaufen und Organisieren, aber auch im Hinblick auf die Lagerung.
- Besonders hilfreich ist es, dass sich die meisten Rezepte gut vorbereiten lassen. Denken Sie jedoch daran, dass vor allem selbst Mariniertes eine längere Zeit Platz im Kühlschrank braucht.
- Damit das vorbereitete Grillgut keinen Wärmeschock auf dem heißen Grill bekommt und gleichmäßig durchgart, nehmen Sie es 15–30 Minuten vor dem Grillen aus dem Kühlschrank.

Der Grill

- Für welchen Grill Sie sich entscheiden, hängt von Ihren persönlichen Vorlieben ab. Der Holzkohlegrill ist immer noch am beliebtesten, dabei geht der Trend zum verschließbaren Kugelgrill. Ein Gasgrill hat den Vorteil, dass er sofort einsatzbereit ist und das Vorheizen entfällt.
- Der Grillrost sollte höhenverstellbar sein. So kann die Hitzezufuhr reguliert werden und das Grillgut bei unterschiedlichen Temperaturen garen.

Die Grillglut

- Planen Sie aufgrund der größeren Grillmenge etwas mehr Holzkohle oder Holzbriketts bzw. Gas ein. Heizen Sie den Grill rechtzeitig vor, damit die Glut bis zum Grillen perfekt ist und Sie z. B. auch noch ausreichend Glut für einen Nachtisch vom Grill zur Verfügung haben.

- Die Holzkohle bzw. die Grillbriketts sind ausreichend durchgeglüht, wenn sie von einer leichten weißen Ascheschicht überzogen sind. Die Hitze ist dabei um so stärker, je dichter die Glut liegt.

Das Grillen

- Den Grillrost vor dem Grillen einfetten. Am besten geht dies mit einem mit Speiseöl getränkten Küchenpapier, so bleibt nichts am Rost kleben.
- Besonders Fisch und Gemüse sollten in mit Speiseöl bestrichenen Grillschalen (z. B. aus Edelstahl) gegrillt werden. Die Garzeiten verlängern sich dabei kaum. Generell können Sie jedoch jedes Grillgut in Grillschalen grillen. So wird verhindert, dass Fleischsaft und Fett in die Glut tropfen und sich der dadurch aufsteigende, gesundheitsschädliche Rauch an der Oberfläche der Lebensmittel festsetzt.
- Wird das Grillgut längere Zeit gegrillt (15–30 Minuten), sollte der Grillrost möglichst weit hoch gesetzt werden, damit das Grillgut nicht zu stark bräunt, bevor es gar ist.
- Das Grillgut immer mit etwas Abstand auf den Grillrost legen, so lässt es sich einfacher wenden.
- Eine lange Grillzange ist bei größeren Grills ein Muss, um die Grillstücke im hinteren Teil des Grills zu wenden. Fleischgabeln sind zum Wenden der Grillstücke ungeeignet. Beim Einstechen läuft der Fleischsaft aus und das Steak wird trocken oder das Fett spritzt aus – es kann eine Stichflamme geben. Der entstehende Rauch ist in keinem Fall der Gesundheit zuträglich. Auch Angebranntes gehört nicht mehr auf den Teller.

Abkürzungen

EL = Esslöffel
TL = Teelöffel
Msp. = Messerspitze
Pck. = Packung/Päckchen
g = Gramm
kg = Kilogramm
ml = Milliliter
l = Liter
evtl. = eventuell
geh. = gehäuft
gem. = gemahlen
gestr. = gestrichen
TK = Tiefkühlprodukt

Kalorien-/Nährwertangaben

E = Eiweiß
F = Fett
Kh = Kohlenhydrate
kJ = Kilojoule
kcal = Kilokalorien
BE = Broteinheiten

Bei den Nährwertangaben in den Rezepten handelt es sich um auf- bzw. abgerundete Werte. Lediglich die Broteinheiten werden mit einer Stelle nach dem Komma ausgewiesen. Aufgrund von ständigen Rohstoffschwankungen und/oder Rezepturveränderungen bei Lebensmitteln kann es zu Abweichungen kommen. Die Nährwertangaben dienen daher lediglich Ihrer Orientierung und eignen sich nur bedingt für die Berechnung eines Diätplans, zum Beispiel bei Krankheiten wie Diabetes. Bei krankheitsbedingten Diäten richten Sie sich daher bitte nach den Anweisungen Ihres Diätassistenten bzw. Ihres Arztes.

Hinweise zu den Rezepten

Die Rezepte sind – wenn nicht anderes angegeben – für 12 Portionen – berechnet. Lesen Sie bitte vor der Zubereitung – besser noch vor dem Einkauf – das Rezept einmal vollständig durch. So werden Arbeitsabläufe oder -zusammenhänge verständlicher.

Zutatenliste und Arbeitsschritte
Die Zutaten sind in der Reihenfolge ihrer Verarbeitung aufgeführt. Die Arbeitsschritte sind einzeln hervorgehoben, in der Reihenfolge, in der sie von uns ausprobiert worden.

Zubereitungszeiten
Die Zubereitungszeit ist ein Anhaltswert für die Dauer der Vorbereitung und die eigentliche Zubereitung. Sie variiert je nach Geschick und Übung. Längere Wartezeiten wie Kühl- oder Abkühlzeiten sowie Auftauzeiten sind, sofern parallel keine weitere Tätigkeit erfolgt, nicht in der Zubereitungszeit enthalten. Die Marinier- und Grillzeiten werden gesondert ausgewiesen.

Gar- und Grillzeiten
Vor allem beim Grillen mit Holzkohle lässt sich die Temperatur nicht exakt regeln. Die in den Rezepten angegebenen Grill- und Garzeiten sind deshalb nur Richtwerte, die je nach individueller Hitzeleistung des Grillgerätes (Holzkohle-, Elektro- oder Gasgrill) über- oder unterschritten werden können. Beachten Sie die Gebrauchsanweisung des Herstellers.

Sicheres Grillen
Beachten Sie immer die entsprechenden Sicherheitshinweise des Herstellers!
Stellen Sie den Grill auf einen nicht entflammbaren Untergrund. Damit es nicht umkippen kann, muss das Gerät fest und ebenerdig stehen.
Wichtig: Greifen Sie beim Anzünden des Brennmaterials niemals zu Brandbeschleunigern wie Spiritus, Benzin oder Terpentin! Diese Stoffe sind leicht entflammbar und deshalb viel zu gefährlich!

Kapitelregister

Fleisch & Fisch vom Grill

Vegetarisches vom Grill

Marinaden, Saucen & Co.

Brotbeilagen & Süßes vom Grill

Alphabetisches Register

Für Fragen, Vorschläge oder Anregungen stehen Ihnen der Verbraucherservice der Dr. Oetker Versuchsküche Telefon: 00800 71 72 73 74 Mo.–Fr. 8:00–18:00 Uhr (gebührenfrei in Deutschland) oder die Mitarbeiter des Dr. Oetker Verlages Telefon: +49 (0) 521 52 06 45 Mo.–Fr. 9:00–15:00 Uhr zur Verfügung.

Schreiben Sie uns an Dr. Oetker Verlag KG, Am Bach 11, 33602 Bielefeld oder besuchen Sie uns im Internet unter www.oetker-verlag.de, www.facebook.com/Dr.OetkerVerlag oder www.oetker.de.

Umwelthinweis Dieses Buch und der Einband wurden auf FSC® -zertifiziertem, chlorfrei gebleichtem Papier gedruckt. Die Einschrumpffolie – zum Schutz vor Verschmutzung – ist aus umweltfreundlichem und recyclingfähigem PE-Material.

FSC
www.fsc.org
MIX
Papier aus verantwortungsvollen Quellen
FSC® C011124

Redaktion Andrea Gloß

Titelfoto Thomas Diercks, Hamburg
Innenfotos Kai Boxhammer, Hamburg (S. 4–10, 16, 18, 28, 32–36, 40, 44, 48, 52, 60, 74, 76, 96, 100, 112, 114, 128–132, 136, 140, 146, 152)
Walter Cimbal, Hamburg (S. 56, 120, 122)
Thomas Diercks, Hamburg (S. 20, 24, 30, 50, 66, 70, 72, 80, 84, 88, 90, 94, 106)
Antje Plewinski, Berlin (S. 14, 22, 26, 38, 78, 82, 98, 102, 104, 108, 116, 118, 126, 134, 138, 144, 150)
Axel Struwe, Bielefeld (S. 12, 42, 46, 54, 58, 62, 64, 68, 86, 92, 124, 142, 148, 154–157)
Brigitte Wegner, Bielefeld (S. 110)

Rezeptentwicklung und -beratung Gerhard Ruhle, Zenting

Foodstyling Gerhard Ruhle, Zenting

Nährwertberechnungen Nutri Service, Hennef

Grafisches Konzept kontur:design, Bielefeld
Titelgestaltung kontur:design, Bielefeld
Satz kontur:design, Bielefeld

Reproduktionen Mohn Media Mohndruck GmbH, Gütersloh
Druck und Bindung Mohn Media Mohndruck GmbH, Gütersloh

ISBN: 978-3-7670-0860-1